C’EST MAINTENANT !

Des mêmes auteurs

Le plein s'il vous plaît !
La solution au problème de l'énergie
Seuil, 2006
et « Points Sciences » n° 174, 2007

OUVRAGES DE JEAN-MARC JANCOVICI

L'Effet de serre
(en collaboration avec Hervé Le Treut)
Flammarion, « Champs », 2001
et « Dominos », 2004

L'Avenir climatique
Quel temps ferons-nous ?
Seuil, « Science ouverte », 2002
et « Points Sciences » n° 163, 2005

Le Changement climatique
expliqué à ma fille
Seuil, 2009

OUVRAGES D'ALAIN GRANDJEAN

La Monnaie dévoilée
(en collaboration avec Gabriel Galand)
L'Harmattan, 1997

Environnement et entreprises :
en finir avec les discours
(en collaboration avec Dominique Bourg
et Thierry Libaert)
Village mondial, 2006

JEAN-MARC JANCOVICI
ALAIN GRANDJEAN

C'EST MAINTENANT !

3 ans pour sauver le monde

ÉDITIONS DU SEUIL
*27, rue Jacob, Paris VIe*

ISBN 978-2-02-098768-4

www.editionsduseuil.fr

1

Le calme avant la tempête

Elle est où, l'Apocalypse ?

Annonciateurs d'Apocalypse, vous êtes vraiment nuls. Où sont les morts par millions annoncés depuis des années à cause du réchauffement climatique ? Et d'abord, où est-il, ce réchauffement climatique, avec l'été pourri que l'on vient d'avoir, et les premières neiges en novembre ? Où est la pénurie de pétrole, dont les cours ont été divisés par 3 fin 2008 après être montés aussi vite ? Où est l'explosion du prix du poisson, depuis le temps que l'on nous annonce que les stocks baissent ? Bon, la banquise a un peu fondu en été 2008, mais à part faire quelques titres dans les journaux, pouvez-vous m'expliquer en quoi cela a mis la France cul par-dessus tête ? Où est l'effondrement chinois à cause de leurs « dégradations » de l'environnement ? Allons revenez nous voir quand vous serez un peu sérieux, c'est-à-dire capables de nous annoncer des catastrophes qui arrivent pour de vrai, pas des histoires à dormir debout. Prenez exemple sur ceux qui ont une capacité de prédiction avérée, par exemple ceux qui voyaient venir la crise financière, ce qui est quand même autre chose qu'un ours blanc crevant de faim sur sa banquise. Ou bien inspirez-vous de Foch, qui a commenté ainsi le traité de paix signé à Versailles en 1918 : « Ceci n'est pas la paix. Ceci est un armistice pour vingt ans. » Et la meilleure preuve que vous racontez n'importe quoi, c'est que les ouvrages de gens sérieux se sont multipliés ces dernières années pour dénoncer votre ineptie. On ne compte pas moins de dix livres de personnalités diverses – dont un membre de l'Académie des sciences – pour expliquer que tout va très bien. Tout va très bien, tout va très bien... Vraiment ?

Un de nos gros défauts est que nous ne savons pas – ou mal – interpréter les signaux faibles, c'est-à-dire les petits détails qui ne parlent pas encore à nos sens, mais juste à notre cerveau. Nous ne ressentons pas encore une température torride, nous ne voyons rien de particulier, n'avons pas perdu notre boulot, mais, si nous réfléchissons un peu, il est facile de comprendre que les tendances actuelles nous amènent tout droit aux ennuis. C'est le calme avant la tempête, quand seul l'examen attentif de la situation – le baromètre en chute libre, le ciel qui change – permet de comprendre qu'il est urgent de chercher un abri, et que bientôt l'environnement changera du tout au tout dans des proportions à peine imaginables. D'aucuns ont beau jeu de nous expliquer que le baromètre est cassé, que nous avons oublié nos lunettes pour regarder le ciel, et que la seule chose certaine est qu'il fait beau et que la mer est calme. La ficelle est un peu grosse, mais éprouvée, et pour qui a deux heures à passer sur le sujet et non dix ans (précisons que les auteurs de ce livre y ont passé plus près de dix ans que deux heures !), et surtout pour qui n'aime pas les mauvaises nouvelles (mais qui les aime ? pas plus nous que les autres !), il sera très tentant de se fier à nos sens – qui nous disent qu'effectivement il fait beau – et de ne pas chercher à utiliser notre cervelle.

Pour qui se trouve dans ce calme avant la tempête, il y a deux attitudes possibles. La première consiste à faire confiance au court terme : puisqu'il fait beau et que la mer est calme, on reste en mer, et on hisse le spi pour profiter de la petite brise, sans se demander si on pourra affaler la voile avant que l'ouragan n'arrive (une variante consistant à nier le fait même qu'un ouragan arrive). Une autre attitude consiste à accepter le bulletin météo, et à rentrer au port, ou à réduire la voilure si le port est loin, pour être paré quand le coup de tabac arrivera. Avancer moins tout de suite, pour diminuer le danger pour plus tard, c'est exactement le paradigme auquel nous sommes confrontés dans la vraie vie. Pourtant, nous continuons à nous vautrer avec délices dans la myopie du court terme, en nous disant que l'on peut bien sortir toutes les voiles, en allant gaiement vers le coup de tabac, en quelque sorte.

En clair, nous continuons à ne regarder que dans le voisinage immédiat du bateau, où tout va très bien. Moi devant ma porte, dans ma voiture, au restaurant, partant en vacances, allant faire des courses, je n'ai pas encore vu grand-chose de négatif, sauf la hausse des prix de l'alimentation et des carburants récemment, mais cela reste modeste par rapport à la baisse qui a eu lieu pendant les cinquante années précédentes. Tout ce que j'ai vu, c'est le bulletin qui m'annonce que la tempête arrive, mais, si je n'ai pas envie de le regarder, je peux très bien zapper sur une émission de téléréalité et oublier tout ça.

Il est bien sûr heureux que l'effondrement redouté par le Club de Rome pour le courant du XXIe siècle ne soit pas (encore ?) là, mais les signaux avant-coureurs se multiplient qui devraient nous inciter à affaler les voiles : quand l'ouragan sera là, il sera trop tard. Or, le baromètre continue à descendre à vitesse accélérée...

Pétrole : pic et pic et...

Ces signaux « faibles » – entendons-nous bien : faibles pour le grand public, pas pour le spécialiste attentif – sont de plus en plus nets pour l'énergie, et plus précisément encore pour le pétrole. L'« huile », comme disent les pétroliers, fournit aujourd'hui 35 % de l'énergie mondiale, devant le charbon (25 %), le gaz (20 %), le bois (10 %), nucléaire et hydroélectricité se partageant le solde (5 % chacun en gros). Comme le total ci-dessus fait à peu près 100 %, où sont les énergies nouvelles (éolien, solaire, etc.) ? Eh bien... uniquement dans le journal, qui se focalise sur ce qui est nouveau, et pas sur ce qui est important. Respirer est très important, mais pas très nouveau, et donc aucun journal n'en fait ses gros titres. En France, les barrages ne sont pas nouveaux, mais les éoliennes si, alors le journal vous parle des éoliennes mais pas des barrages, qui fournissent pourtant trente fois plus de kilowattheures dans le monde que le vent (en France le rapport est le même). Pour en revenir à quelques chiffres rapides, la géothermie, c'est 0,5 % de l'énergie mondiale, les biocarburants 0,1 % à 0,3 % selon la manière de compter, l'éolien 0,07 % environ, et le photovoltaïque à peu près dix fois moins que l'éolien (et l'énergie des vagues encore moins !). Bref, l'énergie que nous consommons aujourd'hui, ce sont les combustibles fossiles (pétrole, charbon, gaz), le bois, l'hydroélectricité et le nucléaire, et le reste n'existera pas avant quarante ans ailleurs que dans les communiqués de presse. Or le but du jeu est d'éviter les événements redoutés dans ce livre pour les vingt à trente prochaines années...

Le pétrole étant la première énergie consommée dans le monde, son prix « pilote » largement celui des autres énergies dominantes. Ainsi, sur les deux dernières années, et dans le sillage de ce qui est arrivé au pétrole, le prix du charbon a plus que doublé, et celui du gaz aussi. Par effet de marché, l'électricité nucléaire et hydraulique suit souvent ; parler du prix du pétrole, c'est donc parler du prix de 90 % de l'énergie que nous consommons. C'est donc dire que quand le pétrole ne va plus pouvoir être produit en quantités croissantes, d'ici cinq à dix ans, il va probablement se passer des choses bizarres sur le prix du pétrole et de l'énergie tout court. Rappelons que la production mondiale a été multipliée par presque 9 de 1950 à 2008, soit moins que l'espace d'une vie, et que cela est parti pour s'inverser dans moins d'une génération, peut-être d'ici à cinq ans !

Pardon, vous avez dit *cinq ans* pour « le début de la

fin » en ce qui concerne le pétrole ? Mais je croyais que nous étions tranquilles pour quarante ans, et qu'en plus les réserves se multipliaient comme les petits pains, de telle sorte que l'on en aurait perpétuellement pour quarante ans ? Cette question, fréquente, l'est un peu moins depuis deux ou trois ans, mais si peu ! Le signal ici est très faible, même si un nombre croissant d'individus commencent à comprendre que l'expression « fin du pétrole » n'a aucun sens, puisque nous n'allons pas passer, sauf impact de météorite ou guerre thermonucléaire, d'un monde consommant 4 milliards de tonnes de pétrole par an pendant quarante ans, à 0 le 1er janvier de l'année 41. C'est pourtant ce qui découle implicitement de l'expression « quarante ans de pétrole », malheureux raccourci médiatique dont nous n'avons pas fini de faire les frais, car il donne l'illusion d'une durée longue avant les ennuis – lesquels arriveront bien avant cette échéance. En effet, quarante ans de pétrole, cela dit implicitement que nous allons consommer chaque année la même quantité de pétrole que l'année dernière (ce qui est faux une première fois : depuis 1860, cela a augmenté chaque année par rapport à l'année précédente), et ce pendant quarante ans sans ennuis, et puis que, le 1er janvier de la quarante et unième année, il n'y aura plus rien (ce qui est faux une deuxième fois). En outre, ce raisonnement est basé sur les seules réserves prouvées, qui ne représentent qu'une partie du pétrole extractible présent sous nos pieds.

Ce qui va advenir est bien différent : la production annuelle de pétrole va croître, passer par un maximum qui va durer plus ou moins longtemps (un « plateau »), puis décroître. Le fait qu'il y ait croissance, puis maximum, puis décroissance s'applique toujours dès lors qu'il y a un stock initial donné une fois pour toutes (c'est le cas du pétrole) : ça monte puis ça descend, il n'y a pas d'autre choix, et cela se vérifiera aussi pour les phosphates, l'or, les diamants, le platine, le nickel, le cuivre, l'uranium, le cobalt, le zinc, etc. Pour évaluer le moment où ce maximum survient, il faut avant tout connaître la quantité totale de la ressource accessible, or cela fait environ trente ans que les géologues pétroliers ont une idée correcte, en ordre de grandeur, de la quantité totale de pétrole extractible. Cela fait donc trente ans que cette population de spécialistes considère que le maximum de production surviendra entre 2000 et 2020.

Le maximum n'est pas la fin : il y aura encore du pétrole extrait et consommé en 2200, ne serait-ce que pour faire des bougies pour les dîners aux chandelles. En revanche, dans bien moins de quarante ans, le monde va atteindre son maximum de production pétrolière, et Monsieur de La Palice nous confirmera que si c'est un maximum, c'est que nous n'irons pas au-dessus, et que cela finira par descendre en dessous.

Pas plus écolo qu'un PDG de compagnie pétrolière ?

Il existe bien un signal fort pour les spécialistes du domaine : la multiplication, depuis deux ans, de déclarations de la part des dirigeants du monde pétrolier sur le prochain maximum de la production de pétrole, et dont chacune aurait mérité de faire la une d'un grand journal. Pour évaluer le pétrole extractible restant sous terre, et donc ce que pourrait être la production future, personne ne dispose de meilleures informations que ceux qui cherchent et extraient pétrole et gaz, c'est-à-dire les ingénieurs des groupes pétroliers et de leurs sous-traitants immédiats. Dans ce milieu, on trouve aussi des pièces rapportées, par exemple les laboratoires de recherche (typiquement l'Institut français du pétrole), ou des pièces « très rapportées », comme l'Agence internationale de l'énergie, une espèce de filiale de l'OCDE, qui tient des statistiques sur la consommation et extrapole les tendances pour faire de la prospective. Enfin, jusqu'à une époque récente, il était impossible de trouver une déclaration publique d'un dirigeant du monde pétrolier donnant une date pour le maximum de la production pétrolière mondiale de manière claire. Il y a bien eu quelques géologues pour tenter la chose dès le début du XXe siècle, mais désormais, après que les moyens modernes ont permis d'ausculter la croûte terrestre sous toutes les coutures, les déclarations convergent, et elles ne sont pas rassurantes.

L'un des premiers ténors à avoir ouvert le bal en France est Total, dès le début des années 2000, d'abord prudemment puis, en 2006, par la voix de son président, Thierry Desmaret, qui a affirmé, publiquement et sans ambiguïté, que le maximum de la production pétrolière mondiale allait se produire en 2020 environ, aux alentours de 100 millions de barils par jour. À l'époque, la production mondiale était d'environ 85 millions de barils par jour. En 2006 toujours, Yves Mathieu, responsable de l'évaluation des réserves pétrolières mondiales à l'Institut français du pétrole, indiquait que le plus probable selon lui serait que la production mondiale allait atteindre 90 millions de barils par jour d'ici à 2010, puis plafonner plus ou moins à ce niveau pendant quinze ans, puis se mettre à décliner fortement ensuite. En 2006, Ali Bakhtiari, à l'époque cadre dirigeant en charge de la planification de la National Iranian Oil Company, et hélas décédé depuis, témoignait devant le Sénat australien en indiquant que la production pétrolière mondiale était à son maximum. Il avait ajouté, non sans une pointe d'humour, qu'on n'allait pas tarder à savoir « si les faits lui donnaient raison ou pas ». Et le fait est que, en 2007, la production mondiale de pétrole conventionnel a un peu diminué par rapport à celle de 2006, mais de... -0,15 %, après avoir augmenté de seulement 0,5 % l'année d'avant. Début d'une confirmation des propos d'un cadre – que l'on peut supposer bien informé – de l'industrie pétrolière, ou variation non significative à ce stade ? L'avenir le dira...

En 2007, c'est au tour de Sadad al-Husseini d'abonder dans le même sens. Cet homme complètement inconnu en France est l'un des vice-présidents fraîchement retraités de Saudi Aramco, compagnie pétrolière saoudienne qui est rien de moins que le premier producteur de brut (environ 11 millions de barils par jour) et le premier détenteur de réserves (un peu plus de 20 % du pétrole restant) de la planète. Que dit notre homme, en octobre 2007, au cours d'un colloque de professionnels du pétrole ? Que la production mondiale plafonnera aux alentours de 2012, à environ 85 millions de barils par jour. En 2008, c'est Christophe de Margerie, nouveau PDG de Total, qui multiplie les déclarations sur un plafonnement de la production sous les 95 millions de barils par jour d'ici à 2015. Sans compter les nombreuses déclarations des anciens patrons de l'exploration de Total, Shell, BP, et même du premier banquier d'affaires pour le pétrole aux États-Unis, qui disent tous que cet événement se produira entre maintenant et 2015. Bref, que ce soit à 85, 90 ou 95 millions de barils par jour (tout le monde ne compte pas exactement la même chose), et pour cette année ou pour votre prochain anniversaire, le signal faible ne l'est plus du tout dans le milieu pétrolier : le plafonnement de la production pétrolière aura lieu bientôt, et personne n'a dans ses cartons quoi que ce soit de prévu pour y faire face.

Les observateurs attentifs n'auront pas manqué de prêter attention à un autre signe : lors de l'envolée des prix, l'OPEP n'arrêtait pas de dire qu'elle n'allait pas augmenter les quotas de production et que le marché était suffisamment approvisionné… Une explication qui pourrait faire sens, c'est tout simplement qu'elle ne pouvait plus augmenter la production à la demande. Le pic étant mathématiquement certain, il y a bien un moment où cet événement arrivera ! Si nous ne sommes pas en mesure de confirmer ou d'infirmer cette interprétation, il nous est par contre possible de noter que le débat autour de cette question fait rage chez les individus compétents, et que ceux qui indiquent que l'Arabie Saoudite est très proche de son pic de production ne sont pas des militants écologistes de base, mais des géologues et des hommes d'affaires informés. Au surplus, les pays non-OPEP, qui aujourd'hui fournissent à peu près 60 % de l'approvisionnement mondial en pétrole – au premier rang desquels la Russie, les pays producteurs de la mer du Nord et les États-Unis –, ont passé leur pic ou vont le passer prochainement...

Comment ? Le pic se serait déjà produit pour certains pays ? Mais bien sûr : il y a une liste longue comme le bras de pays qui ont déjà passé leur pic de production. C'est arrivé en 1970 aux États-Unis (aujourd'hui encore 3ᵉ producteur mondial de brut), en 1970 au Venezuela (9ᵉ producteur), à la fin des années 1980 en Russie (2ᵉ producteur), probablement en 2004 au Mexique (6ᵉ producteur), en 1977 en Indonésie, en 2000 pour les pays de la mer du Nord (qui collectivement représentent le 4ᵉ ou le 5ᵉ producteur mondial)... Il est même possible que l'Arabie Saoudite, 1ᵉʳ producteur de brut au monde, soit en train de passer le sien en ce moment. En mer du Nord, le déclin annuel de la production est désormais de l'ordre de 10 % !

Et les découvertes au large du Brésil ? Et l'Alaska ? Et sous le pôle Nord ? Et dans le fond de mon jardin, où ma baguette de sourcier a bien vibré la dernière fois que j'y suis passé ? Chaque fois que la presse nous annonce une découverte, l'honnête homme ne comprend plus : est-ce le début de la fin, ou suffit-il de chercher pour continuer à trouver ? Tout est affaire de chiffres : il continuera à y avoir des découvertes de pétrole pendant encore longtemps, mais elles iront en décroissant, et seront peu de chose en regard de ce que nous consommons aujourd'hui. Le pétrole découvert sous plusieurs milliers de mètres d'eau au large du Brésil a beau représenter – au maximum – 5 à 10 milliards de barils potentiels, il va conduire à une production qui sera au plus de quelques centaines de milliers de barils par jour, à mettre en regard des 85 millions de barils par jour que nous consommons aujourd'hui. Il n'y a rien d'antagoniste entre le fait de continuer à découvrir du pétrole et le fait qu'il va y avoir un pic de production dans cinq ans. Les découvertes correspondent à un pétrole qui « finira par sortir un jour », non à une garantie de débit mondial croissant pour l'avenir. Découvertes futures et pic futur sont tellement peu antagonistes que les prévisions faites par les opérateurs pétroliers incluent plusieurs centaines de milliards de barils restant à découvrir dans les cinquante ans qui viennent, tout en maintenant un pic entre aujourd'hui et 2015. Car ces découvertes à venir sont à mettre en regard des 2 000 milliards de barils déjà découverts, et dont environ 1 150 milliards de barils ont été extraits de terre à fin 2008.

Cher, le pétrole !

C'est la raison pour laquelle divers opérateurs pétroliers se sont risqués, début 2008, à évoquer des prévisions de prix en centaines de dollars le baril pour un horizon de temps mal défini mais pas très lointain. Le président de l'Institut français du pétrole a ainsi affirmé qu'il ne voyait pas pourquoi le baril ne monterait pas au-dessus de 300 dollars; le patron de Gazprom a parlé de 250 dollars le baril, sans donner d'échéance. Il y a quelques années déjà, le directeur des études économiques d'Ixis envisageait près de 400 dollars le baril à l'approche du pic de production, à une époque où ledit baril valait environ 20 dollars, et une large partie des commentateurs, même avisés, s'étaient demandé s'il avait toute sa raison. Même si le prix de ce fameux baril a déjà connu, et a toutes les chances de connaître à l'avenir, un prix très variable, nombre de spécialistes n'ont plus peur d'annoncer que, à un horizon de temps bien inférieur à celui de la génération, le baril pourrait valoir entre deux à cinq fois le prix qu'il a atteint en 2008, voire bien plus. Et nous ne sommes pas plus prêts que le bateau sous spi quand l'ouragan arrive. Non seulement nous ne sommes pas prêts, mais surtout (cf. chapitre 6) la puissance publique continue de concevoir des plans pour l'avenir qui supposent de rajouter des spis encore plus grands! Les élus, tous autant qu'ils sont, ne valent pas mieux, en ce moment, que les vendeurs d'aspirateurs en porte-à-porte. Ils essayent de nous vendre un appareil qui sera loin d'être à la hauteur des promesses faites, tout en nous expliquant qu'il fonctionnera mieux que celui du voisin, lequel fonctionne tout aussi mal. Quand le député des Verts Yves Cochet, malgré l'exagération de certains de ses propos, et en dépit des divergences que nous pouvons avoir avec lui sur le nucléaire, dit à ses collègues de l'Assemblée nationale qu'ils sont en train de rêver en couleurs en pensant que la croissance perpétuelle va revenir pour peu que l'on soit un peu patient, tout ce qu'il obtient est un concert de ricanements, alors qu'il est évident, comme nous le verrons plus tard, qu'il pose LA bonne question.

Si nous continuons ce travail de détectives sur « qui dit quoi sur le pétrole ? », il y a plus intéressant encore : il s'agit du retournement, au moment où il est parti à la retraite, de l'homme qui était directeur de l'Agence internationale de l'énergie (AIE) jusqu'en 2007. L'AIE est une « filiale » de l'OCDE qui, entre autres missions, publie régulièrement des statistiques sur la consommation d'énergie dans le monde. Une fois par an, elle édite un document très attendu par les gouvernements, banquiers centraux, et économistes de tout poil, qui s'appelle le *World Energy Outlook*, et sur lequel toutes les politiques macroéconomiques sont basées. Ce document porte la vision de l'agence sur la consommation future, et comme il est difficile de consommer un pétrole qui n'est pas produit, la consommation future devient aussi... la production future ! Ce futur est par ailleurs fondé sur une extrapolation des tendances, sans trop se poser de questions sur la possibilité physique d'y parvenir. Et le tour de passe-passe arrive : en extrapolant une consommation croissante, et en disant que consommation = production, la *production* future devient nécessairement croissante. Monde infini, droit devant ! Hélas, une prolongation tendancielle, ce n'est pas une prévision. La prolongation tendancielle de la taille mesurée d'un individu entre 0 et

15 ans ne donne pas sa taille à 40 ans, chacun peut facilement le constater.

Et c'est là qu'intervient le retournement. En avril 2008, l'ancien directeur de l'AIE, Claude Mandil, rend à François Fillon, Premier ministre, un rapport dans lequel il dit noir sur blanc que la prolongation tendancielle de consommation publiée par l'AIE est impossible. Il ne saurait en effet être plus clair quand il écrit :

> La sécurité à long terme de l'approvisionnement mondial en pétrole n'est pas assurée. [...] Il est de plus en plus communément admis que la production mondiale aura du mal à dépasser les 100 millions de barils par jour [contre 87 aujourd'hui] alors que la prolongation des besoins tendanciels conduit à une demande d'environ 120 Mb/j en 2030 [AIE, *World Energy Outlook*]. Le risque existe donc que le monde connaisse une crise pétrolière très sérieuse au cours de la prochaine décennie, avec des prix extrêmement élevés.

Bref, le *World Energy Outlook* ne tiendra pas ses promesses.

Comme ce rapport au Premier ministre – qui n'a pas empêché ledit François Fillon de faire croire qu'il allait réussir à relancer l'économie via du crédit auto et des autoroutes ; on en reparlera dans dix ou quinze ans ! – a été écrit à un moment où le prix du baril était déjà au-delà de 100 dollars, il dit en creux que 100 dollars le baril, ce n'est pas un prix élevé. Bien évidemment, cette conclusion n'est pas infirmée par un baril qui redescend à 50 dollars pendant quelques mois, ou même quelques années. Ce qu'il faut bien comprendre ici, c'est la différence entre « tendance de long terme » et « évolution de court terme ». Même si le parallèle n'est pas très réjouissant, toute maladie dégénérative permet de bien comprendre cette différence. Quelqu'un qui a de l'arthrose peut très bien aller beaucoup mieux une semaine donnée que la semaine précédente. Mais ce n'est pas pour cela qu'il s'est débarrassé du problème. Pour le pétrole, il y a même une excellente raison à ce qu'un reflux suive une forte hausse du prix, et nous allons essayer de le faire comprendre.

Qu'est-ce que l'économie des hommes ? Rien d'autre que la transformation de ressources naturelles, qui sont apparues sous nos pieds sans que nous ne fassions rien pour cela, en objets et services divers. La clé de cette transformation est l'énergie, qui est, *par définition*, l'unité physique de transformation du monde. Dès lors, toute baisse du prix réel de l'énergie – et c'est une tendance lourde depuis deux siècles – permet de transformer le monde à moindres frais, et conduit donc à des gains de productivité et de pouvoir d'achat. Inversement, toute hausse suffisante de son prix freine le système, et se traduit par la récession et une inflation généralisée. Le zigzag autour d'un signal haussier devient alors normal. En effet, lorsque l'énergie monte fortement, le pouvoir d'achat se contracte, ce qui engendre une récession, puis une baisse de la demande en énergie, qui elle-même engendre une baisse du prix. Avec une production qui ne peut pas augmenter, puis qui va baisser, il suffit d'attendre et, toutes choses égales par ailleurs, la hausse du prix reprendra.

Ne nous leurrons pas : une baisse transitoire du prix fait aussi partie du calme avant la tempête.

Cher, le fossile !

Après le pétrole, le gaz ! Là aussi les signaux faibles se multiplient, tout d'abord en provenance de l'Est, où se trouvent (chez les Russes) les premières réserves de la planète (environ le tiers). Quand on voit ce qui s'est passé en 2006 (les Ukrainiens ont soudainement menacé de couper le gaz exporté vers l'Europe), on comprend que la sécurité de l'approvisionnement en Europe ne soit pas plus assurée pour le gaz que pour le pétrole. Après les Russes, ce sont les Iraniens qui ont les deuxièmes réserves au monde, de sorte que ces seuls deux pays – Russie et Iran – possèdent à peu près la moitié du gaz restant. Et le signal faible pour l'Iran, nombre de lecteurs de journaux le connaissent déjà… Notre argent (pour l'achat du gaz et du pétrole) lui permet de financer des installations d'enrichissement d'uranium dont nous ne savons pas vraiment si elles sont civiles ou militaires. Chacun tient l'autre par la barbichette, dans une situation peu confortable…

Il nous reste à examiner le cas du dernier larron de ce trio infernal, à savoir le charbon, dont le prix a presque triplé en quelques années. En France, ce combustible a disparu de nos vies quotidiennes en même temps que les bougnats : il n'y a plus de mines actives, presque plus de consommation directe des ménages pour se chauffer, et son usage dans l'industrie a cessé au profit du pétrole, du gaz et de l'électricité. Pour les Français, cela incite évidemment à croire que ce combustible a disparu de la surface de la terre. Erreur ! Le charbon fournit 40 % de l'électricité mondiale, loin devant le nucléaire, qui certes domine chez nous, mais ne produit « que » 15 % de l'électricité mondiale. Le charbon, c'est aussi un tiers de l'électricité européenne (autant que le nucléaire), et beaucoup plus dans certains pays : en Allemagne, en Pologne (pour ces deux pays, tout rapport avec les tergiversations au moment du vote du paquet « énergie-climat » n'est évidemment pas fortuit) ou au Danemark (qui tire du charbon presque la moitié de son électricité...). Comment ? Le Danemark, pays écolo par excellence selon les médias, serait un gros pollueur charbonnier ? Eh oui : ses émissions de CO_2 par habitant sont 60 % plus élevées que celles d'un Français ! Voilà encore une illustration magistrale du fait que l'argent utilisé pour faire croître l'éolien ne permet pas de faire baisser le CO_2 de manière significative, et que nos amis des médias confondent trop souvent un et un million.

Revenons à nos variations rapides du prix de l'énergie qui ont bien illustré l'adage « à quelque chose malheur est bon », car elles ont probablement fait davantage pour attirer l'attention sur ce sujet (l'énergie et le climat) que toutes les savantes constructions intellectuelles proposées auparavant. Pour autant, le prix ne doit jamais être interprété comme une démonstration. Personne n'est capable de dire si ce qui est constaté aujourd'hui est le début de la fin, c'est-à-dire le signe économique qui annonce le pic de production du pétrole, ou si d'autres causes sont à l'origine de cette évolution. Ici, nous pouvons faire un parallèle avec le changement climatique : il est impossible de dire que la canicule de 2003 en Europe ou le cyclone Katrina en sont les conséquences, mais cela est cohérent avec ce qui est attendu. De même, l'évolution du prix de l'énergie depuis cinq ans est cohérente avec ce qui est attendu à l'approche des limites sur la production de pétrole, mais, l'Histoire ne s'écrivant qu'une fois, nous n'en aurons la certitude qu'après coup. En effet, sans contrainte particulière qui ferait baisser la consommation plus vite que la production (par exemple, des taxes croissantes sur l'énergie dans les pays consommateurs), le signal économique a toutes les chances de ne pas être franc. Pendant une période mal définie mais qui peut durer de dix à vingt-cinq ans, à chaque petite baisse de la production nous ne saurons pas si c'est un effet transitoire de la récession qui aura suivi la hausse rapide des prix ou le début de l'impossibilité physique d'augmenter l'extraction des hydrocarbures.

Cette impossibilité à prévoir le pic avec exactitude, même si le pétrole extractible restant est cerné au millimètre cube près – puisque nous ne pouvons prévoir avec exactitude ni le prix ni la demande –, va évidemment rendre le passage à l'action très difficile. Un peu comme quelqu'un qui arrête de fumer : pourquoi arrêterait-il mercredi plutôt que mardi ? Si tout se passe bien, un jour il décide d'arrêter, et c'est tout. Si tout se passe mal, c'est un événement externe qui en décide pour lui : accident, maladie, ou... pénurie de cigarettes ! Pour le pétrole, décider de passer à l'action ne peut donc pas être lié à un événement particulier qui serait planifié à l'avance, par exemple : « Je commence à m'occuper du problème quand le baril repasse au-dessus de 98,34 dollars. » Cet événement peut très bien précéder de vingt-quatre heures le jour où le baril passera à 400 dollars !

La hausse récente a aussi servi, paradoxalement en apparence, un discours favorable à la fiscalité croissante sur l'énergie, en montrant bien que cette dernière est une formidable prime d'assurance pour l'avenir. D'un côté, nous avons les pays forts consommateurs d'énergie fossile, qui n'ont jamais voulu entendre parler de fiscalité croissante sur l'énergie, et qui sont en train de souffrir : aux États-Unis, le chômage remonte depuis 2006 (depuis 1970, le chômage suit le prix du baril avec un décalage de un à trois ans), le transport aérien pique du nez, et l'industrie automobile est moribonde. De l'autre, nous avons les pays où l'énergie est davantage taxée, et où les constructeurs ne perdent que 15 % des ventes quand leurs confrères d'outre-Atlantique dévissent de 50 %.

En d'autres termes, le discours qui explique que payer la taxe tout de suite va obérer notre vie future est frontalement contredit par les faits. Dire qu'augmenter la fiscalité sur l'énergie, c'est obérer l'avenir, est aussi responsable que de conseiller aux gens de ne pas se faire vacciner parce que ça prend une heure et que ça fait un peu mal.

Nous laisserons dès lors le lecteur apprécier le fait que Jean-Louis Borloo et Nathalie Kosciusko-Morizet, rejoints par François Fillon, ont déclaré à plusieurs reprises pendant le Grenelle de l'environnement que la France n'était « pas prête à augmenter les taxes sur l'énergie », pendant qu'un certain nombre d'opérateurs pétroliers prônaient l'exact inverse. Surprenant, mais véridique : les patrons de Total, de Suez et de BP ont publiquement affirmé que l'État prendrait correctement ses responsabilités s'il décidait de modérer la consommation des hydrocarbures en augmentant les prix par le biais de la fiscalité, pendant que nos ministres, démagogie oblige, nous refusent la prime d'assurance.

Les pétroliers – pollueurs et capitalistes cyniques se moquant bien de l'avenir de la planète, comme chacun sait – pourraient être en faveur de la fiscalité pour préserver l'avenir ? Le monde est plein de surprises : on trouve au sein des grosses sociétés industrielles des personnes bien moins irresponsables que le consommateur individuel que nous sommes tous. Qui sait que les industriels, lors des précédents chocs pétroliers, ont baissé leur consommation d'énergie plus rapidement que les particuliers ? Aujourd'hui encore, nous voyons ici et là des sites industriels qui baissent très fortement leur consommation d'énergie, alors que chez nous, à part l'extinction de la lumière dans les pièces où il n'y a personne et la fermeture du robinet quand nous nous lavons les dents, nous ne voulons pas entendre parler du moindre effort ou du moindre euro à dépenser pour consommer moins. Nous attendons que l'État nous fasse un chèque pour cela. Nous pouvons attendre longtemps.

Quoi de neuf sous le soleil, exactement ?

Si le pétrole n'a pas encore créé un sentiment d'urgence, le changement climatique fait malheureusement l'objet d'une anesthésie plus prononcée encore, et cela même si – paradoxe en apparence – le bruit médiatique a fortement augmenté ces dernières années. L'équivalent climatique du « quarante ans de pétrole », c'est-à-dire un raccourci médiatique qui engendre – à tort – le sentiment qu'il n'y a rien de sérieux à redouter pendant quarante ans, ce sont les projections d'élévation de température pour 2100. Car c'est évident : si nous risquons d'avoir quelques degrés de plus en 2100, c'est implicitement que rien de très sérieux ne va arriver jusqu'au 31 décembre 2099. C'est là que l'on réalise que, quand on s'adresse à tout le monde par le biais du journal, à raison d'un sujet dans l'actualité une fois par semaine tout au plus, fournir une explication incitant à l'effort en moins de quinze ans relève de la mission impossible... Le simple fait de proposer des scénarios croissants d'émissions jusqu'en 2100, et de fournir les élévations de température pour la fin du siècle, est inconsciemment pris, même si c'est paradoxal, comme une garantie que le XXIe siècle restera encore largement indemne de conséquences catastrophiques. Évidemment, cette garantie est une vue de l'esprit : en cas d'émissions croissantes, il y aura des conséquences bien avant !

Si nous sommes toujours dans le calme avant la tempête pour la grande majorité de nos concitoyens, les observateurs du baromètre voient quant à eux l'aiguille s'affoler sérieusement, en particulier près des pôles. Pourquoi près des pôles ? Parce que c'est l'une des régions du monde où les effets du réchauffement seront les plus rapides et les plus amples, pour des raisons physiques. Les pôles sont en effet très très secs, c'est-à-dire très pauvres en vapeur d'eau – premier gaz à effet de serre dans l'atmosphère. Le surplus d'effet de serre amené par le CO_2 est donc proportionnellement plus important aux pôles qu'aux tropiques, où il y a déjà beaucoup de vapeur d'eau. L'élévation de température est donc plus rapide que partout ailleurs aux pôles, raison pour laquelle nous les scrutons avec tant d'attention aujourd'hui.

Or, du côté des pôles, les nouvelles ne sont pas bonnes : les premières conséquences observées ont tendance à aller plus vite que l'estimation prudente qui en avait été faite il y a quelques années. La superficie de la banquise, par exemple, est passée en fin d'été d'environ 7,5 millions de kilomètres carrés au début des années 1980 à un peu plus de 6 millions de km^2 en 2005, soit une diminution d'environ 1,5 million de km^2 en vingt ans. En 2006, cette étendue minimale a chuté brutalement à 5,5 millions de km^2, et à 4,5 millions de km^2 en 2007 et 2008. L'accélération récente est donc spectaculaire, et même s'il ne s'agit que d'un « accident de parcours » sur un chemin à la baisse, cela doit néanmoins nous alerter. D'autres clignotants se mettent aussi au rouge. Le dégel du pergélisol semble aller plus vite à certains endroits que ce à quoi les physiciens s'attendaient. Or cette couche profonde gelée en permanence porte des routes et oléoducs qui sont fragilisés, des forêts qui du coup deviennent « ivres » (les arbres se mettent tous de guingois), et surtout contient de la matière organique qui pourrait conduire à des émissions accélérées de CO_2 ou de méthane en direction de l'atmosphère, ce qui renforcerait encore plus l'effet de serre. Rien de tout cela n'est perçu comme une menace directe et à court terme pour les civilisations occidentales, mais c'est à tort : il s'agit d'un signe inquiétant pour l'avenir.

Toujours dans les signes avant-coureurs, les forêts boréales deviennent la proie de parasites qui remontent vers le nord. C'est aussi vrai en France, avec les chenilles processionnaires du pin, par exemple. Or il faut beaucoup moins de temps à un parasite pour tuer un arbre qu'à un arbre pour se régénérer. Dans une forêt « habituée » au parasite, et dans des conditions climatiques stables, la compétition entre l'arbre et son prédateur (qui souvent a lui-même des prédateurs ou des facteurs naturels limitants) se stabilise. Mais avec une variation rapide des conditions climatiques, le parasite peut avoir une poussée de développement plus rapide que celle de son hôte. C'est peut-être ce qui est en train de se passer dans certaines forêts boréales, ce qui aura le double inconvénient de supprimer des arbres en masse et de renforcer l'effet de serre en affaiblissant la reprise du CO_2 par les plantes.

Autre signe inquiétant : le bilan de masse du Groenland devient de plus en plus déficitaire. Le bilan de masse, c'est la différence de poids entre l'eau qui alimente la calotte (sous forme de neige tombant sur son sommet) et celle qui en sort (la fonte de la partie basse de la calotte, et les icebergs qui se détachent). Il y a quelques années, le consensus des glaciologues était que la fonte significative du Groenland avait peu de chances de se mettre en route avant la seconde moitié du XXIe siècle, mais nous y sommes peut-être déjà. La fonte totale de cette calotte – qui n'arrivera pas en une semaine, heureusement, mais est possible en quelques siècles à quelques millénaires – élèverait le niveau de l'océan mondial de sept mètres.

Admettons que la mer monte de un mètre, un mètre cinquante au cours du XXIe siècle. Que devient la maison de vacances de Noirmoutier ? Certes, l'océan qui monte ne sera pas le seul facteur qui pourrait faire baisser son prix (ce qui a été évoqué plus haut concernant le pétrole va aussi y contribuer, et probablement bien plus rapidement), mais cela en fait partie, surtout si à la faveur d'une tempête une digue est submergée et la maison inondée ! La maison inondable qui n'a plus d'acheteur ne sera plus entretenue par les artisans du bâtiment... Voilà comment notre pôle Nord, avec ses phoques dont tout le monde se fichait, met indirectement au chômage une partie de la population active de la Vendée.

Du rapport entre le PIB de Clermont-Ferrand et les pingouins...

Cela ne correspond plus exactement à l'idée que tout le monde se fait de la montée du niveau de l'océan ! Quand il est question de hausse du niveau de l'eau, nous avons tous en tête l'image de la marée qui monte doucement. Au moment où l'eau va commencer à me lécher le gros orteil, je déplace la serviette, et le problème est réglé, sans conséquences pour personne. Mais il faut remplacer la serviette par des ports, des centrales électriques, des bâtiments divers, des routes, des voies de chemin de fer, des usines (dont une bonne partie des raffineries), des stations d'épuration, et un certain nombre de villes, et tout cela ne se déplace pas à la demande. La mer ne va pas monter de manière continue avec l'heure de la marée haute connue des années à l'avance, mais va plutôt nous jouer des tours comme ce qui s'est passé à La Nouvelle-Orléans. C'est-à-dire qu'à l'occasion d'un événement extrême comme une tempête ou un tsunami, la mer monte brusquement de un ou plusieurs mètres, passe les défenses et dévaste tout sur son passage. En théorie, il faudrait dépenser de l'argent pour reconstruire les infrastructures un peu plus loin : remonter les quais, refaire la centrale ou la raffinerie ailleurs, etc. Si le prix de reconstruction excède nos capacités parce que le prix de l'énergie a trop augmenté à ce moment-là, on les abandonnera et cela entamera encore plus l'économie qu'avant. Aucun modèle macroéconomique actuel ne sait évaluer ce qui se passe pour le PIB en cas de destruction significative d'infrastructures dans un contexte de hausse structurelle du prix de l'énergie. Il ne faut donc écouter aucun des économistes qui vous expliquent qu'il n'y a pas lieu de s'inquiéter en pareil cas.

Nicholas Stern, ancien économiste de la Banque mondiale devenu conseiller du gouvernement britannique et professeur à la London School of Economics, a, dans un rapport remis au gouvernement (2006), essayé d'illustrer pourquoi, avec des chiffres qui seront évidemment toujours discutables (et à notre avis franchement sous-évalués), l'inaction allait nous coûter considérablement plus cher que l'action. Stern n'est pas isolé : en France, deux commissions au moins ont effectué des travaux de nature économique sur l'arbitrage prévention/réparation en ce qui concerne le changement climatique [1], mais ce signal a été considérablement moins relayé que les travaux de la commission Attali, qui recommandait de faire l'exact inverse, c'est-à-dire de manger le capital naturel à vitesse encore plus accélérée. Il est d'ailleurs piquant de noter que ce rapport, qui prônait une accélération de la suppression des contraintes, a été publié quelques mois avant la plus grande déroute financière que les économies occidentales aient connue depuis longtemps, et qui résultait justement d'un excès de suppression des contraintes ! En fait, ce travail était complètement à côté de la plaque, comme tous les travaux d'économie classique qui feront tous faillite les uns après les autres à mesure que le temps passera, pour une raison très simple : il a été rédigé en omettant un détail mineur, qui est que toutes nos activités économiques sont assises sur un substrat physique, sans lequel il n'y a plus de PIB qui tienne. Il faut donc ignorer ce rapport, et continuer à regarder avec attention les signaux faibles évoqués

1. Dont le Conseil d'analyse stratégique sur la valeur tutélaire du carbone, travaux auxquels l'un des deux auteurs a participé.

ci-dessus, qui sont bien plus fiables pour spéculer sur les contraintes majeures qui nous attendent. Mais la classe politique n'a pas pris le temps, les médias n'ont pas pris le temps, et les citoyens n'ont pas pris le temps de regarder plus loin que le bout de leur nez. Tout ce beau monde continue à penser qu'il y a une cloison étanche entre ce qui va se passer au pôle Nord et ce qui va se passer sur le bulletin de paie. Le calme avant la tempête, toujours…

Dis-moi combien tu es proche du pétrole, je te dirai combien tu me crois

Sur le front de l'énergie et du climat, les dernières nouvelles ne sont donc pas terribles. Qui s'en soucie ? Ou plus exactement, qui s'en soucie aujourd'hui un peu plus qu'hier ? Nous tous, comme consommateurs ; les élus, grâce au Grenelle de l'environnement ; les industriels, parfois. Dans ce monde, nous avons constaté une sorte de loi très étonnante : plus les industriels sont près de l'énergie, et plus il est facile d'y trouver des dirigeants qui en savent long sur la question, voire prennent des positions courageuses. Nous allons donc suivre le « chemin de l'énergie », qui commence bien sûr par les énergéticiens. Dans ce milieu, rares sont désormais les patrons qui ne connaissent rien au pic de production du pétrole, ni au dossier du changement climatique. Le problème pour eux n'est plus de nier le problème, mais de savoir comment mieux s'y adapter que le voisin. Ils multiplient donc les séminaires pour cadres sur ces sujets, et il leur arrive même de réclamer publiquement une hausse de la fiscalité sur l'énergie ! Il reste cependant quelques grands jésuites dans cette catégorie. Gaz de France correspond assez bien à cette dernière définition : si l'on en croit ses publicités, il vend des copeaux de bois et des femmes nues au coin du feu, alors que le gaz, même naturel, est à l'origine de 20 % des émissions de CO_2 d'origine énergétique...

À la suite immédiate de ces acteurs, on trouve l'industrie lourde, grosse consommatrice d'énergie : aciéristes, chimistes, métallurgistes, cimentiers... Le constat est presque le même que pour les énergéticiens : des cadres de mieux en mieux informés sur le problème, le débat s'est déplacé de l'existence du problème (admise par l'immense majorité) vers la manière d'y faire face, ce qui se traduit en d'âpres discussions de marchands de tapis avec la Commission européenne, où est mise en avant la difficulté de se confronter à une concurrence qui ne jouerait pas le jeu. Énergéticiens et industriels « lourds » (et moins lourds aussi du reste) partagent tous une caractéristique qui a rendu la transition pas trop malaisée : ce sont des sociétés d'ingénieurs, et il leur reste suffisamment de souvenirs de science pour se laisser convaincre par le dossier scientifique.

Après l'industrie lourde, le chemin de l'énergie nous conduit aux sociétés manufacturières, mais d'abord à celles qui vendent à d'autres entreprises ou à des collectivités et non à des individus. Ce sont aussi souvent des entreprises où la population des ingénieurs est significativement représentée, et où l'appétence pour comprendre est assez forte : gros équipementiers, BTP, mécanique, etc. Il y a cependant un secteur qui reste très « village gaulois » dans cette catégorie : les constructeurs d'avions. Chez eux, on entend encore qu'il y aura du pétrole à satiété, puisque les gens veulent voyager (et qu'il ne saurait être question de décevoir le client), et que le climat ayant changé avant nous, il est normal qu'il continue à changer aujourd'hui. Pourtant, l'aéronautique est un monde d'ingénieurs, et souvent de jeunes ingénieurs, mais cette industrie n'a pas d'échappatoire commode dans un monde avec de moins en moins de pétrole. Faire voler beaucoup d'avions avec des prix aussi ridiculement bas qu'aujourd'hui ne sera plus possible une fois passé le pic de production des hydrocarbures. Et arrêter de voler a quelque chose d'insupportable, puisque voler, c'est l'aboutissement d'un rêve… Même s'il est évident que le transport aérien de masse n'a pas d'avenir comme activité commerciale ordinaire dans un monde où le prix de l'énergie monte rapidement, il est difficile de savoir si cette industrie souffrira plus ou moins vite que les autres tant l'irrationnel y règne en maître, ce qui pousse par exemple les États à y injecter des milliards tant qu'ils ont quelques fonds de tiroir à racler.

Continuons notre chemin : viennent ensuite des sociétés encore industrielles, mais qui vendent au consommateur final. Pour elles, changement de ton. D'abord, le consommateur n'aime pas les contraintes, et les dirigeants de ces sociétés non plus. Quand à longueur de publicités on vante un monde meilleur, il est difficile, en interne, d'accepter que le monde meilleur puisse en fait être bien pire. La deuxième raison est que ces sociétés sont, à quelques exceptions près (voitures ou géants de l'agroalimentaire notamment), des PME. Vous n'achetez rien (ou quasiment rien) en direct à Arcelor, Saint-Gobain, Arkema, Bouygues ou Schneider. En revanche, les marques connues que l'on va trouver dans un hypermarché sont souvent associées à des entreprises qui sont de grosses PME, à l'exception de quelques groupes multinationaux comme Nestlé ou Unilever. Cela donne une deuxième explication au moindre intérêt porté aux questions d'énergie et de climat : ce sont des enjeux de long terme ; or, plus une entreprise est petite, et plus elle vit dans un temps court. L'horizon de temps de nombre de patrons de PME en France, c'est trois mois, quand ce n'est pas trois semaines. Dans la grande industrie, même si elle est cotée en Bourse (ce qui a sérieusement tendance à raccourcir les horizons de temps, on y reviendra), les horizons de temps sont souvent plus longs, et quand cette grande industrie est très capitalistique (réseaux d'eau, centrales électriques, usines industrielles lourdes décidées pour vingt ou trente ans), alors le terreau est beaucoup plus favorable pour y évoquer nos sujets favoris. Bref, pour l'industrie manufacturière des biens de consommation finaux, où se trouvent l'essentiel des noms de sociétés connues du grand public, il y a parfois quelques signes encourageants, mais il reste encore énormément de chemin à faire.

Enfin, notre dernière étape sur le chemin de l'énergie nous mène au commerce, à la distribution, et aux services en tout genre (informatique, voyages, banques et sociétés financières, publicité, etc.). Là, sauf quelques rares exceptions, l'essentiel des dirigeants continuent à penser que le problème leur est étranger. Ils n'ont souvent pas compris qu'ils étaient au sommet du château de cartes, et que si la production manufacturière (et les transports) dont ils dépendent s'écroule par manque de ressources environnementales, alors leur univers s'écroule aussi. Un hypermarché sans minerais et sans hydrocarbures, ça ne fonctionne pas. Une agence de publicité ou un cabinet d'avocats d'affaires ne fonctionnent pas sans clients, qui sont eux-mêmes dépendants des ressources naturelles gratuites. Les bureaux ne fonctionnent plus sans ordinateurs à 300 kg de combustibles fossiles pièce [1]. Et même les crédits immobiliers pour les pavillons de banlieue sont dépendants au premier degré de l'énergie abondante et à bas prix !

En résumé, plus les acteurs économiques sont proches de la matière et gèrent des infrastructures lourdes, plus la fraction de « gens qui savent » au sein de leurs ingénieurs et cadres a significativement progressé. Plus ils sont loin de la physique et dans le temps court, et plus ils continuent à penser que le problème ne les concerne pas (ou qu'ils s'y adapteront le moment venu, ce qui est pareil). Quand elles sont pointées du doigt, ces entités où le marketing règne en maître sont plus fréquemment tentées de faire un grand coup de « greenwashing » (qui consiste à se décerner une bonne note puis ne plus en parler) que d'entamer une véritable réflexion stratégique.

1. Toutes étapes prises en compte, il faut de l'ordre de 300 kg de combustibles fossiles pour faire les pièces d'un ordinateur et les assembler. Une bonne partie concernent la production électrique au charbon et au gaz.

À nos yeux, le problème de la grande distribution n'est pas de mettre des étiquettes CO_2 partout, c'est de savoir quels sont les volumes de vente qui resteront accessibles dans des magasins situés en banlieue, pour une population au pouvoir d'achat en baisse.

Et les climato-sceptiques dans tout ça ?

Nous serions injustes en terminant ce panorama sans mentionner l'acteur économique de bout de chaîne qui a aussi son mot à dire : nous. Nous, les consommateurs, les automobilistes, les parents d'élèves, les électeurs, les lecteurs de journaux, et qui sommes bien sûr tout cela tour à tour. Avons-nous progressé durant les quelques années qui viennent de s'écouler ? Sur l'importance que nous disons accorder au problème dans les sondages, assurément. Pourtant, aujourd'hui comme hier, un tiers environ des Français considèrent que le changement climatique n'est pas un problème ; il y a sans doute moins de 10 % des Français qui ont compris que « la fin du pétrole » n'avait aucun sens et que « le début du pétrole en quantités décroissantes par individu » était pour dans cinq ans tout au plus. Dans l'optique de cette prise de conscience, il faut dire que nous ne sommes pas aidés par l'agitation de quelques figures médiatiques en mal de notoriété, la plus célèbre en France étant sans aucun doute Claude Allègre, ancien ministre de l'Éducation nationale que ses velléités de dégraissage de mammouth ont rendu sympathique à nombre de braves citoyens peu soucieux de se prendre la tête sur le climat et l'énergie. Alignant de surprenantes erreurs scientifiques, changeant de propos selon le jour et l'humeur, taxant ses collègues d'incompétence, mettant surtout en avant son titre d'académicien des sciences, l'ex-ministre propage un flux d'idées fausses sur le climat. S'il a fait perdre un temps précieux à la prise de conscience nécessaire au passage à l'acte, son influence se réduit néanmoins de jour en jour. Elle est nulle sur le plan international. Barack Obama ne semble pas l'avoir consulté.

Cela étant, que seraient Claude Allègre, Bjørn Lomborg et autres climato-sceptiques, sans ceux qui leur tendent un micro ou relayent leurs propos ? Rien. N'hésitons pas à nous faire quelques ennemis : les journalistes qui les aident à diffuser des énormités sans se poser davantage de questions que cela leur sont d'indispensables alliés. Quand on vient les chercher sur ce terrain, l'argument généralement avancé est que ce n'est pas grave de diffuser des idées fausses, car cela fait « avancer le débat ».

Débat, très saint débat, quel journaliste ne s'agenouille pas devant toi ? Qu'on ne se méprenne pas : il ne nous viendrait pas à l'esprit de contester l'utilité même du débat en général, et du débat scientifique en particulier. Mais le débat a-t-il vocation à rester éternel ? Faut-il encore débattre de l'existence de l'océan Atlantique ? Du nombre de bras d'un être humain ? De l'utilité de se laver les dents ? Et du fait que le ciel est bleu ? En matière scientifique, le débat a précisément vocation à ne pas durer, et à s'éteindre quand il aboutit à une conclusion solide et claire. Des conclusions solides en matière de climat, le milieu scientifique en propose désormais beaucoup. Seuls ceux qui ne souhaitent pas s'informer ou qui ont une bonne raison de ne pas avoir envie de savoir peuvent encore invoquer le droit au débat.

Dans les médias, il y a fort à parier que le débat restera encore longtemps paré de tous les charmes. Son premier avantage est que la polémique fait vendre, or un patron de média est aussi un patron d'entreprise commerciale. Le second avantage est qu'il permet à certains journalistes de se retrancher derrière cet argument pour masquer un élément bien plus gênant : leur propre ignorance sur le dossier, qui leur fait confondre « je n'y comprends rien » avec « personne n'est sûr de rien ». Et évidemment, plus ils jettent le doute parmi leurs lecteurs, plus ils peuvent mettre en avant qu'une partie de la population partage leurs interrogations, merveilleux procédé qui boucle sur lui-même ! Peut-on être coupable d'ignorance, quand cette ignorance conduit à relayer des propos qui ralentissent le passage à l'action ? Si les choses dégénèrent franchement, l'histoire risque de répondre que oui...

Enfin, une autre explication à cet amour de la presse pour les « climato-sceptiques » est que nombre de patrons de rédaction sont issus du journalisme politique. Or les interlocuteurs de ces journalistes (les élus), à force de promettre des tas de choses irréalistes sans trop se poser de questions (essentiellement parce que c'est ce que nous voulons entendre, il ne faut pas l'oublier), finissent par perdre de vue ce qui est possible ou pas. Ils vivent dans une espèce d'univers mental particulier, où « les promesses n'engagent que ceux qui y croient », et où la valeur du verbe n'est pas la même que pour le commun des mortels. Cette caractéristique déteint sur nombre de journalistes politiques, puis sur les médias en général, en leur laissant croire pour partie que ce qui est écrit n'est jamais si grave que ça, même quand ils écrivent des énormités. Cette absence de remise en question et de réflexion sur la portée de leurs actes est d'autant plus paradoxale qu'ils sont eux-mêmes les premiers à dénoncer cette absence chez les autres. Nous serions cependant tout aussi malhonnêtes en ne remarquant pas que le nombre d'articles et de sujets consacrés à l'énergie et au changement climatique a considérablement augmenté ces dernières années, et que la qualité du traitement de l'information a aussi globalement beaucoup gagné. Soyons positifs : la sévérité des propos précédents est finalement une exhortation à faire encore mieux, car le temps presse…

Verre à moitié vide, ou à moitié plein ?

Si nous regardons l'immensité du chantier qui est devant nous et que nous n'avons fait qu'effleurer, et l'immensité des risques encourus si nous ne changeons pas le tempo de l'action, il y a lieu d'être un peu inquiets. De ce point de vue, nous pourrions conclure que l'essentiel de la différence entre il y a trois ans et aujourd'hui, c'est que nous avons perdu trois ans. Les Européens ont certes décidé de grandes choses pour le changement climatique (notamment le système de quotas qui couvre désormais une petite moitié des émissions européennes), mais la mise en œuvre se fait à un pas de sénateur, et pour l'aspect « sécurité d'approvisionnement » (accès au pétrole et au gaz restants) nous risquons fort d'être pris au dépourvu quand la bise va venir. Les États-Unis de Bush (bon vent ! Voici au moins une bonne nouvelle) n'ont rien fait de concret ni pour la consommation d'hydrocarbures ni pour les émissions de CO_2 ; les Chinois continuent à dire qu'ils ne sont pas les premiers à devoir se priver, les Japonais suivent le mouvement sans le précéder... Bref, par-delà des déclarations d'intention plus ou moins louables, par-delà l'effet Al Gore qui a indiscutablement secoué une petite partie de la population (mais une petite partie seulement), la réalité de ce qui est observable est que le bateau continue sur son erre, à très peu de chose près, et que nous fonçons droit sur la crise massive par manque de ressources environnementales.

Alors certes, le sujet est bien plus présent dans la presse qu'il y a quelques années, certes le Grenelle de l'environnement a incontestablement amélioré la qualité du dialogue entre les acteurs concernés en France, certes le nombre d'acteurs industriels qui commencent à se préoccuper du sujet augmente, mais rien de tout cela n'est encore à la hauteur du mur qui se dresse devant nous. L'ouragan menace, et nous ne sommes pas prêts.

2

Dix bonnes raisons de ne rien faire

Pour qui se donne la peine de les regarder, les instruments indiquent donc qu'une tempête d'une brutalité inouïe s'annonce. Il est probable que, rarement dans l'histoire de l'humanité, nous aurons disposé d'une telle quantité d'informations sur un désastre à venir. Et pourtant rien n'est entrepris, ou plus exactement rien qui soit en rapport avec les enjeux. Comme le disait Nicolas Hulot dans *Le Syndrome du Titanic*, le bateau fonce droit sur les icebergs, et le commandant s'intéresse à l'ouverture du bal et au record de vitesse de la traversée, sans se donner la peine d'aller regarder les instruments ou d'écouter les appels à la prudence de ses collaborateurs... parce qu'il ne veut tout simplement pas en entendre parler. Notre problème n'est-il pas celui d'un divorce entre la raison et l'émotion ? Bien le comprendre est essentiel pour s'assurer que les solutions proposées plus loin sont pertinentes. Avant d'entamer cette grande cure de psychothérapie, il nous faut néanmoins rappeler un fait majeur : ce qui va suivre concerne plus particulièrement les élites urbaines, c'est-à-dire des personnes dont le métier consiste à traiter de l'information en ayant partiellement le choix des sources, et qui sont suffisamment éduquées pour aller s'acheter un livre si elles veulent savoir.

Nous ne croyons pas ce que nous savons

Dans son ouvrage *Pour un catastrophisme éclairé*, Jean-Pierre Dupuy propose une explication à notre léthargie qui a l'avantage de tenir en huit mots : *nous ne croyons pas ce que nous savons*. Notre connaissance intellectuelle ne nous émeut pas assez (ou nous émeut trop et nous inhibe) pour se traduire en actes ; nous n'arrivons pas à passer de la connaissance à l'action. Il n'y a pas que le climat ou l'énergie qui offrent ce genre de constat. L'alcool, les cigarettes, et nombre de conduites à risque sont autant de situations que nous pouvons aussi garder à l'esprit pour illustrer ce qui suit.

Si nous acceptons ce postulat, il nous conduit à une conséquence très concrète en ce qui concerne la gestion des priorités : l'effort ne doit pas d'abord porter sur une augmentation de la connaissance disponible, mais sur la mise en mouvement des grands fainéants que nous savons tous être à partir des connaissances déjà disponibles. Accroître la connaissance reste de l'argent bien investi, car cela permettra d'améliorer la prise de décisions, pour un gain économique qui sera en général largement supérieur à ce que nous a coûté l'acquisition de la connaissance supplémentaire. Mais il faut bien se garder de considérer, comme nous le faisons trop souvent actuellement, que l'augmentation de la connaissance reste un préalable à l'action. Nous en savons déjà largement assez pour comprendre que nous avons sacrément intérêt à nous remuer le derrière.

Pourquoi ne croyons-nous pas à ce que nous savons ? Pourquoi donc ne passons-nous pas à l'acte ? On pourrait trouver bien des explications psychologiques (le déni, le refus de voir en face un risque mortel, l'envie de s'abîmer dans le plaisir du présent…), mais il est vraisemblable que toutes ces explications ont une origine commune, qui est de nature religieuse. Entendons-nous bien : nous n'allons pas rendre le pape responsable de nos malheurs. Ce qui nous empêche de passer à l'action réside dans de nouvelles idoles collectives, des « vaches sacrées », de puissantes croyances qui nous empêchent d'écouter la partie intellectuelle de notre cervelle. Ces idoles, c'est ce à quoi nous attachons vraiment de l'importance dans nos actes quotidiens (travailler, se déplacer, faire les courses…) et moins quotidiens (manifester, voter, choisir un patron ou un métier, devenir membre d'une association…). Nos idoles conditionnent nos actions bien plus que nos connaissances et nos raisonnements, et c'est en cela qu'elles sont de nature religieuse. Combien de personnes se disant très sensibles aux questions d'environnement continuent à prendre l'avion et la voiture sans aucune restriction ? La réponse d'un travail mené par l'Institut de l'environnement en 2008 est éloquente de ce point de vue : plus une personne se dit sensible aux questions d'environnement et moins elle prend les transports en commun pour aller travailler !

Ces idoles s'étant construites avec l'ère industrielle, elles ont un ou deux siècles d'âge tout au plus, ce qui, à l'échelle des civilisations, en fait des nourrissons vagissants par rapport à d'autres cultes plus anciens. Bonne nouvelle que cette apparition récente, au fond : elles seront sans doute plus faciles à déstabiliser que les autres, et il faut l'espérer si nous ne voulons pas laisser un champ de ruines à la fin de l'expérience appelée « civilisation moderne ». Elles se sont engouffrées dans le vide créé par le retrait du pouvoir religieux au sein des nations industrialisées ; elles ont surfé sur l'essor de la démocratie qui (selon Tocqueville) annonçait leur montée en puissance ; elles se sont nourries du rationalisme du discours scientifique et technique. Le discours apparemment froid et sans états d'âme de la science peut cacher de puissantes passions, servir un désir de domination et le plaisir d'avoir raison. Il est maintenant temps de frapper les trois coups et de lever le rideau : entrée en scène de ces idoles dont le culte nous empêche de passer à l'action !

Notre Faust des temps modernes : Monsieur Court-Termisme

Monsieur Court-Termisme n'est bien sûr pas une idole pour les damnés de la terre, ceux qui ne pensent légitimement qu'à leur survie à très court terme, et à qui nous serions malvenus de jeter la pierre quand demain leur semble infiniment distant. La misère est parfois définie comme l'incapacité à maîtriser sa vie de tous les jours. Avec cette définition, elle fut le lot quotidien de l'immense majorité des humains pendant des millénaires, y compris de ceux qui habitaient en France il y a huit générations seulement. Rappelons-nous que le paysan français du début du XIXe siècle (soit 70 % de la population active à cette époque) avait une espérance de vie à la naissance inférieure à 30 ans, qu'il n'avait ni congés payés ni retraite ni Sécurité sociale, qu'il était largement analphabète, que l'ensemble de sa famille vivait souvent dans une ou deux pièces non chauffées, qu'il n'avait pas le droit de vote, qu'il se déplaçait uniquement à pied et dans son voisinage immédiat, qu'il avait peu de recours en cas d'injustice, et que rien n'indiquait qu'il en irait différemment pour ses enfants.

Force est de reconnaître que cette situation induisait à la fois une forme de fatalisme facilitant la gestion du long terme, et une inéluctable priorité donnée au court terme : manger était un souci de tous les jours. C'est encore le souci prioritaire de tous les jours du milliard de personnes (selon les dernières estimations de la FAO) qui a faim. Par contre, ce n'est à l'évidence pas par nécessité biologique que la plupart des Occidentaux ne pensent qu'à très court terme, et se soucient prioritairement – quand ce n'est pas exclusivement ! – de leur travail, de leurs achats (ou plus exactement de leurs possessions), de leurs relations ou de leurs loisirs... Sans qu'il soit possible de savoir où est la poule et où est l'œuf, le culte du présent et de la jouissance immédiate est exploité en permanence par les médias et les services marketing des entreprises tournées vers le grand public. Nous sommes assaillis de sollicitations diverses visant à mobiliser notre attention sur le fait divers du jour, l'information du jour, l'achat du jour, la nouveauté du jour. Demain est un autre jour, et hier est passé… depuis si longtemps !

Une nouvelle forme de spiritualité est même en train de se bâtir sur ce raccourcissement des échelles de temps. Hier, le christianisme relativisait l'instant présent en évoquant la vie éternelle, mais aujourd'hui de nombreuses techniques de mieux-être s'inspirent de traditions spirituelles anciennes pour donner une valeur croissante au culte du présent. Il s'agit de vivre dans l'instant et de se persuader que le reste n'est qu'illusion. Alors, vénérer le présent et le court terme n'est plus être matérialiste, ni soumis aux marchands, c'est surtout (et c'est quand même plus classe !) une pratique d'élévation spirituelle. Plus nous consommons, et plus le *carpe diem* et l'hédonisme ont rang de haute pratique spirituelle.

Cette polarisation sur le court terme s'est aussi emparée des décideurs privés et publics. Du côté du privé, une confusion est aujourd'hui largement faite par les amis d'Olivier Besancenot entre capitalisme et court-termisme. Les choses sont hélas loin d'être aussi simples. Le capitalisme se définit comme la propriété privée des moyens de production. Historiquement, il existe depuis toujours : un agriculteur qui détenait ses terres ou tel commerçant qui détenait son commerce étaient des capitalistes, et pourtant cela n'a pas de tout temps poussé à la négligence des enjeux de long terme, ni au sacrifice des travailleurs indispensables à l'activité. Depuis le début de l'ère industrielle, qui a plus ou moins coïncidé avec l'apparition des démocraties occidentales, ce sont souvent des grandes familles qui ont dominé le jeu. Les cartes maîtresses étaient donc aux mains d'entrepreneurs familiaux, qui avaient comme souci prioritaire de transmettre l'entreprise à la génération suivante. Cela avait certes des effets sur la classe ouvrière, mais rien dans ce processus n'incitait au court-termisme.

Quid de l'État ? À l'époque de la monarchie, le long terme était largement présent pour guider l'action : dynasties bâties à coups de mariages ou de guerres, grands travaux d'infrastructures (fortifications, canaux et routes, châteaux ou ports...), politiques agricoles ou commerciales. Du reste, l'Histoire s'est souvent chargée de réserver un sort peu enviable aux peuples dont les dirigeants commençaient à ne plus trop se soucier du long terme. Plus près de nous, pendant les Trente Glorieuses, l'État s'est incarné dans des technostructures qui ont porté d'ambitieux projets... structurants (bâtiments et villes nouvelles, routes et autoroutes, centrales et réseaux électriques, chemins de fer, etc.). Le Plan a existé pendant longtemps, et a orienté le regard et l'attention, même s'il était imparfait, voire parfois un peu extravagant.

Ce qui s'est produit depuis les années 1970 n'est donc pas l'avènement du capitalisme, ni même de sa forme idéologiquement la plus sauvage : la prise de contrôle des terres indiennes par les colons européens en Amérique (l'appropriation des moyens de production) a été autrement plus violente pour les intéressés (puisqu'ils en sont presque tous morts) que la répression des grandes grèves ouvrières qui ont eu lieu en Europe. Non, ce qui est nouveau, c'est la prise de pouvoir progressif de la sphère financière qui, en éclatant la détention du capital et en confiant sa gestion à des actionnaires financiers, a poussé les « managers » à diriger leur activité en fonction de résultats à très court terme. C'est sur les performances trimestrielles, voire mensuelles, qu'ils sont désormais évalués et sanctionnés négativement ou positivement. L'ennemi, ce n'est donc pas le capitalisme, c'est le rythme auquel s'échangent le capital et les horizons de temps de ses détenteurs. L'ennemi, c'est aussi, pour partie, la possibilité qu'ont les banques de créer de la monnaie en faisant crédit, ce qui permet d'augmenter la vitesse de rotation des actifs et d'engendrer encore plus de court-termisme : j'achète tout de suite, et pour payer je verrai demain… Ne raisonnons-nous pas exactement de cette manière avec la consommation des actifs naturels ? La financiarisation de l'économie et l'accès généralisé au crédit (qui vont de pair) ont créé cet enchaînement qui sur le long terme est insupportable, puisqu'il a besoin d'une croissance perpétuelle pour perdurer : j'achète l'année N – 1 ce que je vais rembourser par mon travail l'année N + 1. On voit mal ce qui pourrait nous sauver de la catastrophe économique annoncée tant que ce mécanisme sera en place.

Les décideurs publics, quant à eux, sont rivés aux échéances électorales, de plus en plus rythmées et qui ne pardonnent pas. Si le raccourcissement des échéances électorales est l'ennemi de la saine gestion du long terme, alors indiscutablement le quinquennat voulu par Jacques Chirac est une authentique ânerie. Mais il serait trop confortable de fustiger les élus sans faire le ménage devant notre porte (air connu). Si nous, les citoyens, déclarons le lundi que nous voulons des hommes politiques visionnaires et garants de l'intérêt général, le mercredi, nous ne leur pardonnerons pas s'ils se battent pour autre chose que la sauvegarde de nos intérêts matériels à très court terme. Nos enfants ? Ils se sentent peu concernés quand nous manifestons pour plus de pouvoir d'achat (donc la possibilité de consommer plus vite le capital naturel), pour plus de retraites (idem), pour moins d'embouteillages devant notre porte, etc. Nos élus sont peut-être schizophrènes et menteurs, mais ils savent lire : quand ils nous voient descendre dans la rue pour ce genre de revendications, ils se concentrent sur ces demandes touchant à l'immédiat, et arbitrent de plus en plus difficilement entre les différents intérêts de leurs différents groupes d'électeurs.

Cette tyrannie du court terme en politique et en économie est évidemment alimentée par les médias (mais encore une fois, qui commence et qui subit ?), rivés sur l'Audimat et les ventes quotidiennes. L'événementiel, le « people », la petite phrase, l'anecdote l'emportent, car ils font vendre. Et il ne faut pas oublier que les performances de ces entreprises d'« information » sont jugées, comme les autres, à court terme, en fonction de la performance financière d'hier, laquelle est principalement fonction des recettes publicitaires, elles-mêmes fonction des ventes. Pour combien de temps encore ?

Tout, tout de suite !

Tout, tout de suite, et sur place. Voilà ce que nous voulons. Attendre à l'arrêt de bus ou attendre pour disposer du dernier téléphone portable est tout simplement intolérable, tout comme le fait que le modèle de vêtement que je viens de voir à la télé ne soit pas déjà en rayon. Les services marketing des entreprises jouent en permanence sur ce désir de possession immédiate, vieux comme le monde, et que la démocratie a considérablement renforcé (en démocratie, disait Tocqueville, le démon de la possession s'emparera de nous, puisque chacun « aura le droit » d'avoir ceci et cela).

La démocratie et sa glorification du consommateur ne sont pas si nouvelles. La nouveauté, c'est de mettre l'énergie à bas prix au service de cette pulsion consumériste. Davantage d'énergie, cela a permis de baisser les coûts de production, de raccourcir les délais de transport, de diffuser des techniques pour faire « plus et plus vite », et de modifier l'organisation du travail pour satisfaire nos plus chers désirs.

Le temple de notre nouvelle religion qui marie consumérisme et énergie s'appelle le centre commercial, qui a détrôné la visite à la grand-mère comme occupation familiale du week-end.

Au fait, savez-vous comment se débrouille notre centre commercial (80 % des achats courants passent par la grande distribution) pour nous faire plaisir à toute heure du jour et bientôt de la nuit ? Pour ouvrir de plus en plus longtemps, les horaires des caissiers et caissières sont adaptés en fonction de nos exigences. Cela signifie souvent imposer au personnel des rythmes hachés et invivables. Si cela est possible, du reste, on supprimera leurs postes pour le remplacer par des machines, ce qui permettra de dépenser un peu plus d'énergie et de supprimer encore un peu plus de contact humain dans l'exercice d'une fonction de base, qui est d'aller s'acheter à manger ou de quoi se vêtir. Un commerçant à qui l'on parle, et qui a sélectionné ou fabriqué lui-même ce qu'il vous vend ? Quelle ringardise !

Nous, les clients, nous voulons ce produit et pas un autre, ici et maintenant, et en plus quelque chose que le voisin n'aura pas alors qu'il sera venu au même magasin (qui doit donc avoir de tout), et tout ça pour encore moins cher qu'hier, ce qui signifie en particulier sans que le magasin croule sous les stocks, lesquels coûtent cher. Qu'à cela ne tienne : si pressurer les salariés du commerce ne suffit pas, on va mettre un peu de pression sur les fournisseurs pour qu'ils baissent les prix – en pratique, cela va souvent les obliger à délocaliser tant qu'ils le peuvent – et que les produits, renouvelés en permanence, arrivent juste à temps sur les rayons. Petit revers de la médaille : délocalisations, rotations rapides et « juste à temps », outre le stress et les licenciements qu'ils induisent dans l'industrie, sont autant de facteurs d'augmentation de l'effet de serre, puisque cela ne peut se faire sans une inflation des moyens de transport et des emballages.

Nous en avons assez de consommer sur place ? Partons consommer ailleurs ! Nous rêvons alors de nous envoler demain matin pour une destination lointaine, et de nombreux tour operators se battent pour nous le proposer au meilleur prix. Certes, il faut aussi, pour cela, exercer une pression sur la chaîne des intervenants, mais en tant que consommateurs-rois nous nous en fichons éperdument. Et notre dépaysement d'aujourd'hui s'achète aussi au prix d'une consommation croissante d'énergie et d'une émission croissante de gaz à effet de serre : les avions ne sont pas près de voler au sirop d'érable.

Nous pouvons généraliser le propos, et ce qui transforme notre système de production en véritable père Noël se résume essentiellement à deux choses. D'abord et avant tout, nous profitons – jusqu'à maintenant – de sources d'énergie quasi gratuites et de plus en plus abondantes. Ensuite, notre organisation économique est tournée vers la satisfaction des désirs immédiats, ce qui génère des ventes, des bonus pour les commerciaux et pour les managers, et *in fine* des dividendes pour les actionnaires.

Tout le monde est content. Pour combien de temps encore ?

Quoi, tu n'as pas de portable ?

Si nous reprenons l'histoire des techniques depuis le début de la civilisation industrielle, il est frappant de constater que la recherche de la vitesse et l'abolition des distances ont très souvent été au cœur des prouesses technologiques. Plus vite, plus loin : une bonne partie des objets techniques réalisés depuis que « le progrès » existe visent à raccourcir les distances et les délais. Ce n'était pas couru d'avance. Nous aurions pu mettre notre inventivité au service d'autre chose, par exemple rallonger ou conserver les délais, pour arriver moins vite mais plus heureux. Le poète a su dire le plaisir d'attendre l'être aimé, et les médecins de l'âme nous disent aussi que l'attente peut être détente... Et les amoureux des voyages en voilier et de randonnées en montagne ne font-ils pas, à leur manière, une forme d'éloge de la lenteur ?

Toujours est-il qu'être ingénieur, c'est le plus souvent chercher toujours plus court, toujours plus vite, toujours plus puissant, toujours plus, tout le temps, partout. Dans les transports, le progrès a toujours été mesuré par le gain en vitesse (et bien sûr par la ponctualité, au titre de l'impossibilité d'attendre, alors que chaque râleur en puissance accepte par ailleurs de perdre dix fois le même temps dans les embouteillages, dans *sa* voiture !). Le train moderne est un TGV où l'on est déjà arrivé avant même d'avoir eu le temps de dire ouf, pratique mais anonyme et aseptisé. Le train moderne ne pourrait évidemment pas être un train qui ne va pas plus vite qu'avant mais où jamais personne ne trouve le temps long. Il est loin le temps où, en prenant le train (à compartiments) dans lequel on allait passer des heures, on en ressortait parfois en ayant fait des rencontres inoubliables, sans avoir vu les heures passer, et en regrettant l'arrivée, synonyme de séparation avec une improbable rencontre. L'avion moderne, c'était le supersonique, et il s'en est fallu de peu que ne sortent des cartons des projets de jets stratosphériques permettant d'aller se balader en Thaïlande entre le petit déjeuner et le moment d'aller chercher les enfants à l'école. Puis le toujours plus s'est déplacé vers le nombre de passagers par avion (et donc l'A380), en phase avec l'air du temps qui consiste à faire voler les classes moyennes en masse. Le but du jeu reste le même : réduire les distances et les attentes, voyager toujours plus vite. Pour aller où ?

Cette lubie de la vitesse ne concerne pas que nos déplacements. Nous avons aussi déployé des trésors d'inventivité pour expédier les repas de plus en plus vite. Les fast-foods en bénéficient depuis longtemps, tout comme les fabricants de plats préparés et de toutes les machines qui se sont introduites dans la maison. Est-ce un progrès ? Argument imparable : « c'est pratique ». Ça veut dire quoi, au juste, pratique, si ce n'est que cela permet de raccourcir les délais tout de suite... pour aller ensuite faire la queue chez le médecin, le banquier ou le psychologue ? Car, sur les plans diététique, économique, familial et relationnel, le bénéfice de cette évolution se discute... En revanche, la rentabilité financière à court terme trouve cela très bien : un repas préparé par les autres, ce sont des transactions commerciales et donc du PIB, et éventuellement du temps qui sera utilisé à travailler (très bon pour le PIB) ou à consommer « autre chose » (même remarque).

Le plus spectaculaire dans cette recherche de l'abolition des distances se constate dans l'évolution des moyens de télécommunication. Le téléphone fixe, c'est ringard ! Ça prend du temps, et puis cela empêche d'être joignable à tout moment et de saisir toutes les occasions. Le téléphone portable, ça va beaucoup plus vite, on répond partout... ce qui permet de ne plus avoir à s'organiser, ce qui était une perte de temps ! Quand on y pense, les plus grands génies du marketing sont les opérateurs de téléphonie mobile, qui ont réussi à prélever 1 % à 2 % du revenu des Français pour qu'ils puissent dire à tout moment « t'es où ? », « je suis en retard », et « j'ai oublié le code ». Internet et la messagerie électronique, c'est pareil, on gagne un temps fou. Dire qu'avant il fallait attendre le passage du facteur pour savoir si le monde extérieur avait pensé à vous ! Le BlackBerry et autres gadgets du même genre ont permis de franchir encore une étape : on peut désormais recevoir et répondre dans la seconde, où que l'on soit ou presque, à des messages issus du monde entier. Nous pouvons ainsi échanger des fichiers de plus en plus gros, et... accélérer la financiarisation de l'économie. Le bon tuyau transmis au bon moment permet la décision dans l'instant, et un transfert généreux sur le compte en banque quand il était vraiment bon. Mais en contrepartie, quand tout va mal, au lieu de se concentrer sur les causes structurelles, la possibilité technique qui nous est offerte de voir se dérouler la crise en continu a pour résultat que tout le monde est rivé à son BlackBerry ou à son téléphone, au lieu de se recueillir dans le calme indispensable aux grandes décisions. Ne dit-on pas que Clemenceau a gagné la Première Guerre mondiale parce qu'il n'a jamais cessé de dormir huit heures par nuit ? Chaque saut dans la prouesse technique est aujourd'hui mis au service de l'augmentation de la volatilité du monde, qui désormais tangue de plus en plus d'un seul bloc, au gré des orages ou des euphories qui naissent ici et là. Pour combien de temps encore ?

Le roi, c'est moi

S'il y a bien une valeur parfaitement partagée d'un bout à l'autre de l'Europe, c'est l'individualisme. Rien d'étonnant : notre grand ami Tocqueville considérait que c'était une valeur consubstantielle à la démocratie. Ce qui est plus intéressant, c'est de rapprocher cela d'un autre constat : parmi les jeunes, la « tolérance » arrive en première place au palmarès des valeurs incontournables. La tolérance a un beau fondement, et rares sont ceux qui se déclarent ouvertement favorables à son opposé, l'intolérance, le racisme, la xénophobie et toutes les formes de refus de l'autre. Mais la tolérance, c'est aussi une manière de dire à l'autre : accepte-moi comme je suis, sans me juger et sans m'imposer de changer. Être favorable à la tolérance, c'est aussi une manière de déguiser en valeur socialement acceptable son propre individualisme, et le refus croissant de toute contrainte qui caractérise notre monde « moderne ».

Bien sûr, cet individualisme a des limites, qui se manifestent par exemple lors des appels à dons, lesquels ne sauraient prospérer sans une forme de générosité. Le tsunami en Indonésie et en Thaïlande a provoqué un raz de marée financier, tout comme les campagnes bien orchestrées du Téléthon peuvent générer des recettes rondelettes. Mais ces mouvements ne se déclenchent que dans l'émotionnel et l'instantané : s'agit-il de comportements authentiquement généreux, ou d'indulgences que nous versons pour nous racheter un ego un instant vacillant ? Car quand il s'agit d'opter délibérément pour la contrainte en contrepartie d'une augmentation du bien-être collectif, ce bel élan généreux est aujourd'hui de plus en plus difficile à trouver. Augmenter les impôts pour amener un véritable service ? Vous n'y pensez pas ! Accroître les transferts sociaux pour venir en aide aux plus démunis, ou préparer l'avenir (par exemple, les retraites) ? Quelle bonne blague ! Et l'aide publique au développement se voit réduite à une part de plus en plus restreinte, pendant que la pression indirecte que nous exerçons comme consommateurs sur les populations des pays les plus pauvres ne cesse d'augmenter.

Le refus de toute limite, quand ce n'est pas la valorisation de toute transgression de la limite, est l'un des fondements de la religion contemporaine, encouragé par tout ce qui se déclare progressiste. Gare à celui ou celle qui s'avise d'expliquer que son voisin de palier, qui se trouve être homosexuel ou tibétain, est par ailleurs un insupportable crétin : cela sera le plus souvent perçu comme un refus du droit à la différence, et donc un refus de l'individualisme. La traduction en termes économiques de ce comportement a un nom : c'est le libéralisme, que même la gauche socialiste a du mal à ne pas vouloir s'approprier. Le libéralisme socialiste sera social, mais ce sera un libéralisme ! Plus personne ne veut du dirigisme, du centralisme associé à un pouvoir hiérarchique ; tout le monde veut, dans la vie civile et dans les entreprises, pouvoir participer aux décisions, ne pas se voir imposer une décision contraire à ses intérêts ou à sa vision du monde. Jamais le « Not In My BackYard » (ou NIMBY – « pas dans mon jardin ») n'a eu autant de force dans les décisions publiques. Il n'est pas de projet local, du contournement routier à la centrale nucléaire en passant par l'éolienne, qui ne suscite la création d'une association d'intérêt *général* pour défendre les intérêts privés…

Sur le plan économique, jamais l'idée, pourtant éminemment discutable et discutée, que les décisions économiques des agents privés conduisent à l'intérêt général n'a eu autant d'audience que pendant les deux dernières décennies. Il aura fallu que 20 000 milliards de dollars, soit l'équivalent de 40 % du PIB mondial, s'évaporent en quelques mois de Bourse pour que l'on commence à se demander si ce discours sur le libéralisme était si solide. Pendant vingt ans en France, dont la plus large part sous l'ère socialiste, les privatisations sont allées bon train, et la décision publique en matière économique était nécessairement ringarde. Loin de nous l'idée d'expliquer que la production de carottes se portera mieux quand on la nationalisera : de fait, l'État n'a rien à faire dans l'essentiel des activités productives. Sauf… quand il y a un monopole naturel, notamment dans la gestion d'infrastructures, où pour le coup privatiser tout ce qui se présente (électricité, trains, télécommunications, voies de communication) conduit à la duplication des investissements, pour le plus grand bénéfice de court terme du consommateur et du PIB, et pour le plus grand malheur de la consommation de ressources naturelles, décuplée à l'occasion. Ces décisions apparaissent plus étonnantes encore quand on réalise qu'elles ont aussi eu pour origine la volonté de renflouer les caisses d'un État trop sollicité par les citoyens individualistes qui veulent recevoir et pas payer, ou la pression de Bruxelles qui ne voit pas de raison de limiter l'application jusqu'à la nausée des principes un temps pertinents du traité de Rome. Pendant longtemps, le désir secret de tout haut fonctionnaire entrant dans un cabinet ministériel était de partir ensuite dans une entreprise, de préférence au moment de sa privatisation. La richesse personnelle, la capacité à « faire de l'argent » sont devenues des critères d'intelligence économique, voire d'intelligence tout court ! Pour combien de temps encore ?

Consommer is (very) good for you

Grande inquiétude chez les économistes à la mi-2008 : le moral des ménages descend dans les chaussettes, et la consommation fléchit. C'est encore plus vrai aux États-Unis, où les retraites de nombre de personnes correspondent à peu de chose près à la rente tirée d'un portefeuille boursier. Quand la Bourse prend la claque qu'elle a prise en 2008, cela fait très mal à la consommation des retraités ! Même en France, où le *subprime* aura au moins eu le bon goût d'arriver suffisamment tôt pour empêcher notre président de mettre en œuvre le crédit hypothécaire et les plans de retraite en Bourse, l'année 2009 voit ses perspectives de croissance baisser dangereusement. On annonce « seulement » 1 % de croissance, et certains oiseaux de mauvais augure moins encore. Comme gérer le budget de l'État (et même gérer le budget de nombre de ménages !) consiste à payer avec la croissance de demain les engagements d'hier (cela s'appelle « la vie à crédit »), ce défaut de croissance n'est pas une bonne nouvelle pour un gouvernement dont les engagements de baisse du déficit budgétaire deviennent impossibles à tenir.

Il n'y a en effet pas mille solutions pour augmenter le PIB ; il n'y en a même que trois : faire croître la consommation (le particulier ou l'entreprise achètent des produits consommables, dont la valeur entre dans le PIB), l'investissement (le particulier ou l'entreprise achètent des biens durables, dont la valeur entre dans le PIB) ou les exportations (l'étranger – particulier ou entreprise – achète des produits finis, dont la valeur entre dans le PIB). Mais la martingale gagnante à tous coups, depuis des années, c'est quand même la consommation. L'investissement étant tourné vers l'avenir, il correspond à une dépense un peu plus engageante que d'aller s'acheter un paquet de lessive. Quant à notre balance commerciale, en France, est-elle au cœur de nos préoccupations, quand on voit que nous ne faisons pas grand-chose pour réduire la facture énergétique, qui alimente la rubrique « débit » de ladite balance ? Doper les exportations (ce qui n'est pas facile avec un euro fort) porte sur des volumes qui ne sont pas assez importants pour contribuer significativement à la croissance en France. La consommation, voilà la solution. Même si, à y regarder de près, elle crée parfois plus de PIB en Chine que chez nous...

Et c'est là que se produit le miracle des temps modernes : l'avidité, le désir de paraître, l'imitation, voire le mimétisme, considérés depuis deux millénaires dans notre culture catholique comme des vices, sont devenus des vertus au service d'un bien supérieur, la croissance du PIB. Miracle des temps modernes à nouveau, les intérêts de court terme de tout le monde se conjuguent pour que le « consommer plus » prenne corps : c'est l'intérêt des actionnaires et des employés des entreprises de production et de distribution ; c'est celui de l'État qui empoche des impôts au passage (les indirects comme la TVA, mais les autres aussi). C'est aussi l'intérêt des caisses d'assurance sociale et surtout de l'Assedic : plus de consommation, c'est plus de travailleurs et moins de chômeurs. Quand on commence à regarder les choses sur une échelle de temps un peu plus longue, l'équation est moins évidente : la consommation est un peu plus un problème pour les caisses d'assurance maladie, car trop de consommation rend malade, comme les Américains s'en sont rendu compte avec l'épidémie d'obésité. À plus long terme, avec la facture de la crise environnementale, le problème sera encore plus évident.

Et la consommation, c'est évidemment l'intérêt des banques, qui multiplient les cartes de crédit et toutes les formes de prêt possibles et imaginables, la plus gratinée étant l'invention extraordinaire de la « recharge hypothécaire », qui est née outre-Atlantique, et que Nicolas Sarkozy rêvait d'introduire en France jusqu'à ce qu'une certaine crise des *subprime* lui fasse comprendre que finalement ce n'était pas une si bonne idée. Le principe est d'une simplicité biblique : le banquier ne vous prête pas sur la base de vos revenus, mais jusqu'à concurrence de la valeur de votre patrimoine, quels que soient vos revenus. À tout moment, si le montant de votre encours est inférieur à la valeur hypothécaire de votre bien immobilier, il suffit de lui demander et votre banquier est un mec formidable. Tel le père Noël à qui il suffit de demander, il va vous faire un joli petit prêt à la consommation, garanti en prenant une hypothèque sur votre patrimoine. Le tout petit revers de la médaille est que, si vous ne pouvez plus rembourser le prêt contracté pour partir en vacances ou pour acheter le dernier modèle de canapé, on saisit votre maison et on vous fiche dehors, mais vous seriez malvenu de râler pour si peu, hein ?

Le crédit hypothécaire a été une des inventions magiques pour consommer aujourd'hui le produit du travail de demain, en prenant des garanties sur un bien dont la valeur de marché ne peut évidemment que monter, puisque la croissance perpétuelle est garantie sur facture par tous ceux qui ont des promesses à faire. C'est sur ce principe de croissance perpétuelle que sont basés pour partie les prêts *subprime*, qui consistent à prêter à des ménages aujourd'hui incapables de rembourser leurs échéances, en pariant sur le fait que grâce à la croissance économique ils le pourront demain, ou à défaut que la même croissance aura fait monter le prix de l'immobilier qui sera saisi pour rembourser l'emprunt. Mais si la croissance n'est pas là, la belle construction intellectuelle s'écroule.

Les emprunteurs n'ont toujours pas de revenus suffisants, et le marché immobilier se retourne, la garantie représentée par la valeur de l'actif ne valant alors guère mieux qu'un pet de lapin. Changement d'ambiance garantie ! Le château de cartes s'effondre. La fête est finie ; la gueule de bois est sévère. Personne n'avait vu le coup venir ? Il suffisait pourtant de regarder une courbe pour comprendre que cela allait se passer, sans pouvoir dire quand exactement : celle de la production future de pétrole. Avec un plafonnement déjà survenu ou imminent, et donc un prix de l'énergie qui va s'orienter structurellement à la hausse dans un monde non préparé, il était évident que la croissance attendue finirait par ne plus être là (depuis 1970, dans la zone OCDE, la croissance faiblit – voire devient négative – et le taux de chômage augmente quand le prix du baril monte, mais avec un à trois ans de décalage). Que personne n'ait rien vu venir montre surtout une chose : que le discours tenu dans le présent ouvrage, sur le lien très fort entre contrainte énergétique et contrainte économique, est ignoré d'à peu près tout le monde dans les milieux bancaires et financiers !

Ce blocage financier va maintenant générer une belle crise économique, puisque le crédit est ce qui a permis pour une large part l'augmentation de la consommation des dernières années. La machine va se gripper et cela risque d'être très fâcheux pour ceux qui rêvent d'avoir accès à cette société de consommation et qui n'y parviendront pas. Très fâcheux aussi pour ceux qui vont constater que leur pouvoir d'achat, en fait leur pouvoir de consommer, va se réduire d'année en année, alors que « personne ne les a jamais prévenus ». Très fâcheux pour les hommes politiques qui auront eu la vanité de se présenter comme des magiciens du pouvoir d'achat, et qui auraient mieux fait de se taire ou de retourner à l'école. Très fâcheux aussi pour la paix dans le monde, qui résiste mal à un océan de frustrations.

Il est grand temps de se réveiller et d'ouvrir les yeux. Nous allons devoir réduire notre consommation matérielle parce qu'elle a atteint un niveau qui n'est tout simplement pas durable. Pour le moment, rares sont ceux qui l'ont compris. Pour combien de temps encore ?

In ingénieurs we trust

« Dans votre raisonnement, vous ne tenez pas compte du progrès technique : et l'hydrogène, et l'éolien, et la fusion, et le globinatron à foutriquet astral, vous en faites quoi ? L'humanité s'en est toujours sortie, alors pourquoi se faire du mouron ? »...

Ces affirmations, entendues des dizaines de fois à l'issue de conférences sur le changement climatique, sont tout à fait révélatrices de croyances qui sont elles aussi d'ordre religieux. La conquête du pouvoir par les scientifiques contre l'Église en Europe et la réussite époustouflante des techniques issues de la science (que ce soit dans les domaines agricole, industriel, militaire, médical, ou plus récemment informatique, et donc dans tout ce qui fait la vie courante) nous ont fait adhérer à ces croyances.

Est-il bien nécessaire de démontrer que ce sont des

croyances ? Dire que la science et la technique vont nous sauver, c'est prononcer un énoncé qu'il est justement impossible de soumettre à la critique scientifique. Mais c'est surtout nier l'évidence : certes la science et la technique ont permis des progrès « miraculeux », mais ce sont bien ces progrès qui conduisent à la destruction accélérée des ressources naturelles ! Ce n'est pas avec nos petites mains que nous détruisons les forêts primaires ou que nous vidons les océans de leurs poissons, que nous injectons à vitesse accélérée des gaz à effet de serre dans l'atmosphère ou que nous extrayons des ressources minières non renouvelables, mais bien avec des machines surpuissantes. Les bateaux de pêche modernes n'ont plus rien à voir avec la barque du *Vieil Homme et la Mer*, même dans nombre de pays « en développement » : ce sont de vrais navires de guerre. Même s'il est politiquement incorrect de le rappeler, l'explosion démographique est l'un des déterminants majeurs de l'accroissement de la pression de l'homme sur son environnement. Or, cela résulte notamment de progrès scientifiques dans les techniques d'hygiène (au premier rang desquels l'adduction d'eau potable et l'évacuation des eaux usées, et la conservation des aliments), qui ont elles-mêmes fait largement baisser la mortalité infantile (et celle des mères au moment de l'accouchement). Les soins médicaux ont également contribué à cette évolution, bien sûr, mais beaucoup moins que l'amélioration de l'hygiène. Et les pollutions de toutes sortes ne sont devenues un problème sérieux que depuis la multiplication des machines (à commencer par les poêles à charbon !) qui ont considérablement accéléré la vitesse de dissémination de composés aux effets peu sympathiques.

Cette croyance ne serait pas vraiment gênante (nous sommes tous pétris d'opinions et de croyances diverses qui ne gênent guère le cours du monde !) si elle n'était une très importante source de blocage collectif. Si l'on croit en un *deus ex machina,* alors il n'est pas utile de réfléchir à des solutions d'un autre ordre, et notamment aux régulations économiques ou politiques. La solution naturelle, c'est alors de laisser faire les savants, et toute entrave à leur créativité serait même franchement contre-productive. Et voici comment un problème global, justement causé par un manque de clairvoyance et de limites dans l'usage de la technique, et dont nous sommes tous complices, pourrait être résolu par une suppression encore plus importante des limites ! Merveilleux, non ? Il ne s'agit pas ici de faire de l'anti-science primaire, mais juste de constater que cent cinquante ans de progrès techniques n'ont en rien empêché que nous ayons désormais un énorme problème sur les bras. Comment la technique, seule, non guidée par une volonté qui la dépasse, pourrait nous apporter maintenant la solution sur un plateau ?

Permettons-nous ici de remettre la logique à l'endroit. Ce qui va suivre a, depuis Galilée, un petit goût de réchauffé, mais si l'examen des faits montre que nos croyances sont infondées, et qu'elles nous empêchent de traiter un problème qui peut faire disparaître un certain nombre de représentants de l'espèce, il est fortement conseillé de remettre en cause nos croyances... Malgré le constat que la technique n'est qu'un outil au service d'un but, et qu'elle permet juste d'atteindre ce dernier plus vite, y compris quand il s'agit de faire la guerre ou d'exterminer un peuple (et peut-être demain de nous faire sauter en l'air au niveau planétaire), mais ne se substitue pas à lui, nous continuons à être férocement persuadés que la technique est naturellement bonne, ce qui permet à tout le monde de se défausser de sa part de responsabilité dans l'affaire. Pour combien de temps encore ?

Mon patron ? Vous voulez dire mon actionnaire ?

Comme l'a bien analysé Daniel Yergin (dans *La Grande Bataille*), il est devenu banal de dire que les marchés ont conquis le pouvoir dans les années 1970. Les marchés, ce sont en fait les actionnaires, et le signal donné au reste de l'économie par l'évolution des cours de Bourse des sociétés qui y sont cotées. On se rappelle que la crise de 1929 a bouleversé la conception de l'économie qui prévalait jusque-là. En effet, les crises du XIXe siècle semblaient donner raison aux libéraux en se résorbant toutes seules : il suffisait d'attendre, et tout repartait vers la hausse perpétuelle ! (C'est du reste ce que l'on peut lire dans la presse à la suite du choc que nous venons de subir.) Ces libéraux ont ainsi bâti la notion de cycle économique, qui est une version moderne des périodes de vaches maigres et de vaches grasses dont rêvait Joseph, fils de Jacob, dans la Bible. Après les hauts, il y a les bas, mais surtout après les bas il y a les hauts. En clair, il ne faut jamais se faire de mouron, si ça va mal c'est la fatalité ; après, il suffit d'attendre et les choses se remettent d'équerre. Le laisser-faire a pourtant échoué en 1929 : faute de reprise en main précoce par l'État, la crise n'a cessé de s'aggraver et a obligé les gouvernements à intervenir d'autant plus fortement que leur entrée en scène était tardive. Intervention de l'État, quel gros mot pour ceux qui croient à la « main invisible des marchés » pour orienter l'économie ! « Main invisible mon c... », aurait dit Zazie : les transactions commerciales se bâtissent sur des horizons de temps bien trop courts pour orienter de manière pertinente des politiques d'investissement qui font sens sur vingt ou cinquante ans. Dans l'immédiat après-guerre, c'est donc assez logiquement que les États ont été « zaziesques » : la victoire politique de Staline, l'influence du communisme dans de nombreux pays, et celle des idées keynésiennes dans tous les autres ont donné une carte du monde où les États ont dominé dans la conduite de l'économie. C'est l'heure de gloire des politiques industrielles et des grands projets d'infrastructures, qui se déclinent de manières diverses selon le contexte.

Les années 1970 et le choc pétrolier ont permis la montée en puissance des « forces de marché » et leur victoire, symbolisée par la fin des accords de Bretton Woods et la mise en place des changes flottants. Suppression des barrières tarifaires et non tarifaires à l'échange, déréglementation bancaire et financière, privatisations, ouverture à la concurrence des services publics, désengagement de l'État, réduction des prélèvements obligatoires et autres grands nettoyages de printemps des anciennes contraintes deviennent les incontournables de la politique économique. C'est dans ces années qu'est née l'expression « consensus de Washington », regroupant des recettes du développement qui constituent une sorte de bible, adoptée par les grandes institutions internationales.

Du côté des entreprises, les années 1980 et suivantes ont vu la (re)prise en main du pouvoir par les actionnaires. Les dirigeants ont cessé d'être, comme dans les Trente Glorieuses, des techniciens ou des technocrates poussés par les progrès technologiques ou par leurs visions de l'entreprise ; ils ont été remplacés par – ou sont devenus quand il s'agissait des mêmes individus – des managers au service des intérêts de leurs actionnaires. Le système de rémunération de ces nouveaux dirigeants – qui a fait couler beaucoup d'encre récemment – a été aligné sur cette nouvelle culture, à grands coups de stock-options et de BSA [1]. Pour mieux unir l'intérêt des dirigeants et celui des actionnaires, il suffisait de faire en sorte que les premiers deviennent toujours une partie des seconds ! Dans les sociétés cotées, où le cours de Bourse sert d'étalon-or, les managers se sont mis à gagner beaucoup d'argent dès lors qu'ils en faisaient gagner aux actionnaires, c'est-à-dire dès lors que le cours de Bourse montait. Jusqu'au moment,

1. Bon de souscription d'action ; un tel bon donne un droit d'achat d'une action, à un prix fixé d'avance, droit que l'on peut exercer sur une large plage de temps ; lorsque le cours monte cela permet d'empocher la différence entre le cours d'achat et le cours de vente en ayant mis au pot un montant minime (le prix du bon). Le rendement de l'investissement dans le BSA peut alors être plusieurs fois ou plusieurs dizaines de fois le montant payé.

finalement très récent, où l'on s'est rendu compte qu'ils en gagnaient dans tous les cas… et que le bon peuple avait du mal à comprendre la logique de l'affaire !

La financiarisation de l'économie, c'est donc cette phase où le centre de gravité du pouvoir économique s'est déplacé de l'État et des dirigeants techniques et commerciaux vers les financiers. Certes, ce coup de balancier n'a pas fait revenir le centre de gravité là où il était avant 1914 : l'État a aujourd'hui encore beaucoup plus de pouvoir économique et social qu'il n'en avait avant la Première Guerre.

Néanmoins, quelque chose a changé durant cette période dans notre conception de l'économie. Une anecdote est très révélatrice de ce changement : la « création de valeur » désigne maintenant l'enrichissement des actionnaires ! Les jeunes diplômés, qui dans les années 1960 ou 1970 valorisaient les fonctions opérationnelles (production, commerce, recherche…) ou la haute fonction publique, se précipitent dans les métiers financiers beaucoup plus rémunérateurs à court terme. Le polytechnicien des années 1970 était un ingénieur planificateur et réalisateur, celui des années 1990 est banquier ! En un mot, la valeur financière est devenue une valeur tout court. La finance triomphante se résume en une loi, qui est d'une simplicité biblique : seuls comptent les bénéfices d'aujourd'hui. Et du reste, quand on voit à quel point les cours reflètent le bénéfice prévu pour le trimestre ou l'année qui vient, il est facile de conclure que les acteurs à la Bourse sont incapables d'apprécier le flair stratégique des dirigeants, et que la belle théorie sur les bénéfices cumulés actualisés est en pratique du grand n'importe quoi. Les analystes financiers, qui sont chargés de noter les sociétés cotées, sont souvent des jeunes qui n'ont aucune expérience approfondie ni du secteur ni de la valeur des hommes (ce qui ne les empêche pas d'être parfois d'une prétention sans limites), et qui sont donc en proie à un mimétisme qui prépare merveilleusement la volatilité des marchés.

Est-ce grave, docteur ? Bien sûr que oui, quand il s'agit de planifier et de prévoir le moyen et le long terme. L'argent coulant à flots et l'absence de discernement ont conduit, dans ces dernières années, au financement et à l'entretien d'une gigantesque bulle immobilière et financière qui a fini par exploser. Ces mêmes mécanismes sont-ils susceptibles de financer les investissements dont la planète et nos enfants ont le besoin le plus pressant ? Se poser la question, c'est déjà y avoir répondu... Le lecteur nous pardonnera l'explication un peu technique qui va suivre, mais elle est nécessaire pour comprendre pourquoi nous ne pouvons pas faire confiance aux seuls mécanismes de marché pour nous tirer d'affaire. Leur myopie est manifeste et représente un handicap insurmontable quand il faut prévoir à cinquante ans.

Le critère majeur quand un financier décide d'investir est le taux de rendement interne (TRI) qui compare le coût de l'investissement aux recettes futures. On regarde ce que l'on paie tout de suite, et ce que l'on espère gagner plus tard. Toutefois, l'argent que l'on gagnera à l'avenir fait l'objet d'une actualisation. De quoi s'agit-il ? L'actualisation consiste à affecter d'un coefficient de réduction les gains futurs, et ce coefficient est d'autant plus fort que l'année est éloignée. En pratique, on parle de taux d'actualisation, qui est souvent exprimé en pourcentage, et qui représente la décote annuelle. Si ce taux est de 5 %, cela signifie que je compte aujourd'hui ce que je vais gagner l'année prochaine en divisant par 1,05 (ce qui est presque identique à enlever 5 %), et puis je compte ce que je vais gagner dans deux ans en divisant par 1,05 au carré (ce qui est presque identique à enlever deux fois 5 %), etc. Avec cette règle, une recette de 1 euro dans vingt ans vaut 0,40 euro aujourd'hui si on l'actualise à un taux de 5 %, plus que 0,15 euro si on l'actualise à 10 %, et plus que 0,06 euro à 15 %. Or un TRI de 15 % est la norme dans le monde financier. En pratique, cela signifie que, vu des financiers, l'avenir n'existe tout simplement pas au-delà de quelques années. Seules comptent les recettes et les dépenses d'aujourd'hui et de demain, à l'extrême rigueur d'après-demain, mais ensuite on oublie. Dans les entreprises dominées par la logique financière, donc celles où le cours de Bourse est l'information la plus importante de la journée, les seuls investissements qui sont montrés à la direction, sans honte ou peur pour un cadre d'être ridiculisé puis éliminé, sont ceux qui ont un taux de retour de deux à trois ans au maximum.

Cette maximisation de la rentabilité microéconomique n'a aucune raison de coïncider avec la maximisation de l'intérêt collectif de long terme. Le « développement durable », même s'il est difficile à définir de manière univoque, suppose par définition de donner beaucoup de prix à l'avenir. Il y a donc là une contradiction simple et déterminante.

Cette logique à court terme favorise à l'évidence :

– les investissements de productivité. Remplacer des charges fixes salariales par des coûts de fonctionnement de machines et autres automates est souvent rentable en quelques années seulement (d'où le succès des « licenciements boursiers », c'est-à-dire de suppressions de postes qui ne sont pas indispensables pour rester en vie mais qui permettent d'augmenter la rentabilité des capitaux investis) ;

– les opérations de rachat avec effet de levier des entreprises par les managers. Elles ne sont pas condamnables par principe, mais orientent les fonds vers des entreprises déjà bien positionnées, très performantes et en croissance prouvée, et non vers de l'innovation ou des segments plus émergents et plus risqués ;

– le rachat de leurs propres actions par les entreprises cotées, ce qui sert à concentrer les bénéfices sur les actions restantes, et donc à faire monter le cours de Bourse. Ces dépenses ponctionnent la trésorerie en ne créant aucune valeur ajoutée noble (nouveaux produits, nouveaux services, conquête de nouveaux marchés, réorganisation, etc.) ;

– la relance par la consommation matérielle, tout simplement parce qu'elle a le meilleur rendement (et que les prêts à la consommation sont très rentables).

La financiarisation de l'économie est la plus belle manifestation du culte de l'immédiat qui s'est aussi emparé des entreprises. Pour combien de temps encore ?

La politique, ça sert à quoi, papa ?

Dans ce contexte général de primat de l'immédiat, les élus ne sont pas en reste, et abandonnent volontiers toute velléité d'agir sur le moyen et le long terme. Ils ne cherchent pas à communiquer sur les enjeux qui sont hors du champ du quotidien et de l'immédiat pour la majorité des citoyens, au motif explicite que ce serait le jeu démocratique qui l'exigerait. Le premier commandement de l'élu pourrait alors devenir : « L'opinion en toutes circonstances respecteras, et si l'opinion se fiche du long terme comme de l'an 40, alors du court terme uniquement te préoccuperas. » Que ce soit ce que les citoyens attendent, c'est possible, mais que ce soit le comportement d'un élu dont l'Histoire retiendra le nom, ça se discute ! Dans les pays démocratiques, les élus sont quand même un peu élus pour diriger, et il n'y a pas de direction sans projection dans l'avenir. En outre, ce genre d'interprétation très primaire de la démocratie (je suis un représentant de l'opinion majoritaire, que je suis chargé d'exécuter à la lettre, et non un individu doté d'un libre arbitre à qui mes concitoyens font confiance) est quand même la quintessence de la démagogie, car cela permet d'éviter de parler de ce qui fâche... surtout quand on manque d'idées pour aborder les sujets !

Comme la fin des Trente Glorieuses a clairement réduit les moyens d'action des gouvernements (l'endettement de l'État français a démarré en 1974, et croît d'autant plus vite que la croissance bat de l'aile), la puissance publique n'a désormais plus un sou en caisse. En fait, il reste au pouvoir en place juste ce qu'il faut pour donner la pièce quand une revendication corporatiste devient un peu trop violente. Un susucre donné au chien qui aboie le plus fort… Quand, sans vision de long terme, on ne sait pas où l'on va soi-même, faire ceci alors que l'on pensait faire cela, quelle différence ? Dans notre domaine, on va racler les fonds de tiroir pour donner une prime à la cuve ou une prime de transport quand le prix du baril flambe un peu trop, c'est-à-dire faire l'exact inverse de ce que ferait un gouvernement qui prendrait ses responsabilités, et qui chercherait précisément à ne pas enfoncer les citoyens et les professionnels dans des impasses. Céder à la compassion immédiate peut en effet être un piège mortel ; on le sait en temps de guerre, mais dans le cas présent, a-t-on bien compris que le contexte était identique ?

Il ne saurait être question de trop jeter la pierre aux élus : il est clair que nous ne sommes pas faciles à gérer. Mais quand le sentiment d'urgence et de désarroi est suffisamment fort dans la population, celle-ci attend alors d'un gouvernement qu'il trace un cap, avec une vision claire, et qu'il s'y tienne. Quand tout va bien, personne n'a besoin de rien, mais quand l'angoisse commence à poindre, les électeurs ont alors besoin de comprendre. Ils ont besoin de savoir où va leur pays, quel rôle il joue dans le concert des nations, et ces besoins sont probablement devenus plus importants que la perception – toujours en retard de quelques années – qu'en ont nos élus. Les électeurs veulent aussi, parfois, être fiers de leurs dirigeants et des projets nationaux. La politique n'échappe pas complètement à ce qui donne du sens à la vie collective, et, pas de chance pour eux, ce domaine est sous la responsabilité des… politiques. Même si ce sont de monstrueux consuméristes en d'autres circonstances, les jeunes, objet de tant de discours attentionnés par ailleurs, ne se contentent pas toujours de pain et de jeux. Ce qui est en jeu ici, c'est bien une certaine conception de l'homme et de la démocratie. Le marketing politique nous a trop souvent habitués à une franche médiocrité (et à la langue de bois qui en est indissociable), qui semble marcher à court terme. Mais on en voit quand même les limites, dans le zapping électoral par exemple.

Sur le plan des grands enjeux de la politique publique, c'est évidemment la même chose. Les hommes politiques, concentrés sur les réactions des électeurs, sur les intérêts des entreprises, des banques et des institutions financières dominantes et – surtout pour les dernières – obsédées par le court terme, ne parviennent pas à mettre leur énergie dans une politique qui anticipe les enjeux des décennies à venir, même s'ils rivalisent de beaux discours volontaristes. En attendant, ils laissent le marché faire, jusqu'à la catastrophe s'il le faut, comme on l'a vu avec les *subprime*. Puisqu'ils utilisent des indicateurs qui ignorent l'avenir, les marchés sont myopes, et le seront toujours. Leur fonction est intéressante : ils permettent la fixation décentralisée mais instantanée des prix de nombreux biens et services. Mais ne leur donnons pas d'autres pouvoirs magiques ! Malgré des défis visibles comme le nez au milieu de la figure, nos élus roupillent. Pour combien de temps encore ?

Quel CAC 40 fera-t-il demain ?

L'économie a pris dans nos vies la place qu'avait la religion il y a quelques siècles. Nous écoutons religieusement les commentaires sur l'état de l'économie ou les prévisions des économistes comme les Grecs écoutaient la Pythie. La Pythie des temps modernes s'appelle le CAC 40 ou le PIB, et sa cohorte de serviteurs sont les analystes et les économistes. Comme les anciens écoutaient le curé avec d'autant plus de ferveur que l'Éternel leur avait mené la vie dure, nous sommes d'autant plus fébriles pour écouter des commentaires sur ces indicateurs que ces derniers viennent de nous jouer des sales tours. Un être normalement constitué n'y ferait alors plus attention, mais nous faisons tout le contraire ! Passons rapidement sur le CAC 40, qui traduit au pire l'état de nerfs des opérateurs sur les marchés boursiers, et au mieux les résultats passés ou annoncés pour le trimestre prochain des grandes entreprises. Savez-vous qu'un universitaire a montré que la hausse de la Bourse se produisait préférentiellement les jours de beau temps ? Au surplus, le CAC 40 n'est pas construit pour refléter la santé de l'économie réelle (les produits, les consommations de ressources, les emplois). Qu'il soit suivi de près par les médias, et que l'économie réelle hérite facilement de ses faiblesses prononcées, est juste une preuve de plus de la tyrannie du court terme. Pour combien de temps encore ?

Et pourtant, il faut croire...

Les idoles que nous venons de décrire trop rapidement (mais nous aussi sommes pressés !) se tiennent toutes ensemble, tels les santons d'autrefois, sur le rebord de notre cheminée à la gloire du court terme. Le culte quotidien – voire horaire ! – que nous leur rendons nous entraîne dans une survalorisation du présent, et nous pousse à n'écouter que nos désirs immédiats. Ce culte possède un effet secondaire très marqué : il nous fait croire que nous avons la capacité de renverser au dernier moment toute évolution désagréable sans séquelle indélébile ou incapacitante. L'idole « financiarisation de l'économie » s'entend donc comme larron en foire avec l'idole « croyance en la technique », cette dernière nous amenant à faire excessivement confiance à notre capacité à imaginer au bon moment une solution technique au problème rencontré, quel que soit ce dernier. Pressons le citron du profit à court terme sans crainte, puisque le moindre pépin sera traité en temps utile, s'il y en a !

Malheureusement, cette construction intellectuelle est inopérante pour le changement climatique, le non-renouvellement des stocks stratégiques (hydrocarbures, sols, minerais, voire forêts primaires ou poissons), l'érosion de la biodiversité, et plus généralement tous les problèmes que nous créons actuellement. Dans tous ces cas de figure, nous avons affaire à de fortes irréversibilités, et des décalages importants dans le temps entre les causes et les conséquences. À cause de ces caractéristiques, l'effet des remèdes n'est pas instantané, c'est le moins qu'on puisse dire ! Les destructions d'espèces biologiques sont irréversibles, tout comme le processus de fonte du Groenland. Si nous attendons que le climat soit trop inhospitalier pour agir contre les causes de ce dérèglement, la seule garantie que nous aurons alors sera que l'avenir sera pire.

Il est plus que temps de choisir. Soit nous suivons les optimistes et continuons à adorer nos idoles de l'immédiat, et il est alors logique de nier farouchement que cela pose le moindre problème. Avez-vous remarqué que les économistes anti-changement climatique ou anti-pic de production du pétrole sont toujours de grands adeptes du « laisser faire le marché » ? Rien que de très logique, puisqu'il s'agit de faire comme les accusateurs de Galilée : décrire le monde en fonction des croyances, non des réalités.

La seconde option, et la seule ouverte pour nous, évidemment, est justement de faire confiance à la science et non à la seule technique, c'est-à-dire de reconnaître les problèmes posés sans faire d'abord confiance à notre aptitude à tout résoudre partout et tout le temps. Il est plus que temps d'oublier ces idoles, à moins que nous ne souhaitions vraiment ressembler à ces membres de sectes qui de temps en temps orchestrent leur suicide collectif.

3

Les deux énarques de l'île de Pâques

L'argent ne se mange pas. Ce dont notre survie dépend de manière cruciale, ce ne sont donc pas des revenus monétaires, mais des ressources naturelles, et plus globalement des services écologiques rendus par la nature. Le montant de notre compte en banque ne reflète que la convention créée par les hommes pour gérer les échanges au sein de notre espèce. Contrairement à l'illusion née de l'adoration de nos idoles, la nature n'est ni infinie, ni remplaçable en grande partie par des productions artificielles. Ce n'est pas avec nos petits bras musclés que nous saurons produire demain matin un système climatique performant, des insectes pollinisateurs, des terres arables, des forêts riches de milliers d'espèces, des minerais et hydrocarbures, des poissons, des animaux, et encore quelques autres babioles qui sont le fruit de quelques milliards d'années d'évolution lente, ayant mis en jeu des énergies et des flux qui nous dépassent considérablement.

Que les ressources soient essentielles à la survie des hommes, d'autres civilisations aujourd'hui disparues en ont fait la démonstration, l'exemple le plus connu étant celui de l'île de Pâques. Les Vikings du Groenland, ou diverses civilisations des Amériques ont aussi subi le même sort. Mais ce sont les Pascuans, magistralement étudiés par Jared Diamond [1], qui vont nous permettre de faire un peu d'histoire-fiction.

Nos amis pascuans disposaient de ressources naturelles diverses, parmi lesquelles des arbres et des végétaux, de l'eau et des poissons, et des carrières de pierre. Ils avaient besoin de bois pour faire des pirogues de pêche, des instruments agricoles, mais également... pour construire de très belles statues, qui n'avaient que des fonctions cultuelles. Il semble que la disparition de cette civilisation doive beaucoup au manque de prévoyance en ce qui concerne la gestion du bois. Plus précisément, les différents clans se sont lancés dans une folle compétition pour réaliser les plus belles statues, et ont détruit leurs forêts à cette occasion. Fin des forêts, fin des pirogues et des sols arables (car après la déforestation l'érosion a emporté l'humus), et donc fin des poissons et des cultures : c'est la famine qui a écrit le dernier chapitre de l'histoire de ce peuple.

L'argent n'achète que des hommes

Quel rapport avec notre monde ? Il se trouve que le système de représentation conventionnelle de nos possessions ou de nos échanges, issu de la comptabilité et

1. Jared Diamond, *Effondrement. Comment les sociétés décident de leur disparition ou de leur survie*, Paris, Gallimard, 2006.

de la monnaie, condamne aussi sûrement la préservation des ressources naturelles que l'adoration des statues pascuanes l'a fait. Nous confondons en permanence les réalités (les ressources) et les symboles ou conventions (les prix). Nous ne voyons pas que l'argent n'est évidemment pas la richesse matérielle, même s'il sert d'étalon de mesure de cette richesse.

L'illusion a la vie dure, car même les mots nous font croire le contraire en permanence. Ainsi, quand vous croyez acheter un verre, vous n'achetez pas un verre. Ce que vous payez réellement, c'est juste la succession des revenus des gens qui ont contribué à sa fabrication en partant de ressources gratuites. Vous payez le travail humain qui correspond à l'extraction du sable d'une carrière, le salaire des gens qui ont construit et exploitent le four dans lequel on a fondu le verre, puis le salaire des personnes qui ont fabriqué et exploité le camion transportant le verre jusqu'au magasin où on va l'acheter, sans oublier le salaire de ceux qui auront construit le magasin, ni celui du vendeur, etc. Mais à aucun moment vous n'avez payé le résultat de plusieurs milliards d'années de réactions nucléaires dans la génération d'étoiles qui a précédé le Soleil, et qui a abouti à l'apparition des constituants du sable et des métaux permettant de faire un four à verre ou un camion, ni le résultat de quelques milliards d'années de plus pour que les mouvements de l'océan transforment des roches en sable. Vous n'avez pas plus payé la vie planctonique d'il y a 60 millions d'années et la géothermie qui sont à l'origine du pétrole et du gaz utilisés dans les camions et le four.

Cet exemple est généralisable à tout ce que vous achetez. Vous croyez acheter un poisson ? Illusion d'optique ! Vous payez en fait le salaire du pêcheur, celui du charpentier qui a construit le bateau, ainsi que celui du banquier qui a prêté de l'argent au pêcheur pour qu'il achète son bateau. Tout ce beau monde ne fait que profiter d'un poisson qui est apparu tout seul dans l'océan sans que personne y soit pour quoi que ce soit. L'économie ne consiste qu'à acheter des heures de travail et des rentes à des gens qui ont transformé des ressources naturelles ou qui se trouvent en être les propriétaires du moment, mais qui ne les ont pas créées. En vérité, ces ressources sont gratuites pour tout le monde. Leur prix n'est que le salaire de leur extraction, ou du consentement à s'en défaire quand l'Histoire a fait de vous leur propriétaire. Dans les rentes diverses liées à la propriété du moment, on va aussi trouver des dividendes pour les actionnaires des entreprises, et des impôts pour les États. Au bout du compte, on ne paie que la contrepartie de revenus humains : *l'argent n'achète que des hommes*.

L'argent n'achète pas la nature, qui ne se fait payer ni pour le pétrole ou la photosynthèse qu'elle nous fournit gratis, ni pour les dégradations que nous lui infligeons. Notre système de conventions nous rend aveugles aux dépréciations qui ne touchent personne à bref délai. Si un million de kilomètres carrés de banquise disparaît, comme personne n'a d'activité basée sur l'utilisation de la banquise, c'est une disparition totalement indolore pour l'économie. Logique !

L'économie, ce n'est donc que des flux d'échanges entre

les hommes. Une évidence que nous oublions en permanence, du plus petit consommateur au plus haut responsable de l'État, parce que nos mots disent autre chose. Nous parlons du prix du pétrole, de celui de l'eau, et même de celui de l'énergie solaire, comme si nous avions la possibilité de créer du pétrole, de l'eau et du soleil ! D'une convention comptable – nos comptes ne comptent que le facteur humain – est née une tragédie : on ne s'intéresse qu'aux flux monétaires, et nous allons voir que cela risque de nous mener à la ruine.

L'énarque qui savait compter, et celui qui ne savait pas

Flash-back. Au tout début de notre histoire, la majorité de nos Pascuans ne sont pas obsédés par l'optimisation de leur économie ou la compétitivité, pour l'excellente raison qu'ils ne savent pas ce qu'est la monnaie, et que seule compte pour eux la réalité physique : ce qu'ils mangent, où ils dorment, et combien d'heures par jour ils font des choses qui ne les intéressent pas. Pour la plupart, ils sont contents de travailler puisque cela leur rapporte de quoi loger leur famille et la nourrir, et que l'occupation n'est pas foncièrement désagréable. Le travail n'est pas pour eux une malédiction, ni une passion. Chaque matin, bon gré mal gré, ils s'y mettent, mais sans excès. Le roi de l'île, issu d'une dynastie multiséculaire, sait qu'il a le temps pour lui. Il n'a pas besoin, pour être élu, de promettre que demain les poissons se mettront à voler directement dans les écuelles sans pirogues ni filets, ou que les arbres pousseront en une nuit. En revanche, il n'est pas question pour lui de laisser les descendants dans la difficulté : arbitrer en faveur du temps long ne lui fait pas peur.

Un beau matin, un énarque de la promotion « Cro-Magnon » est nommé sur l'île, et le roi lui demande d'organiser les échanges dans le sens de l'amélioration de l'intérêt collectif. Notre énarque, qui ne connaît rien à la finance ni à la comptabilité, se dit qu'il y a en gros trois ressources principales disponibles : du bois, des poissons, et du travail. Si des habitants ne mangent pas tout à fait à leur faim, et qu'il y a encore beaucoup d'arbres sur pied et de poissons dans la mer, il se dit qu'il serait bénéfique pour la collectivité d'occuper une plus grande partie des gens à couper des arbres et à pêcher des poissons, pour que la collectivité dispose de quoi nourrir et loger tout le monde. Il sait qu'il est raisonnable de ne pas couper trop d'arbres ni de pêcher trop de poissons, car il faut du temps pour que ces ressources se renouvellent. Il propose donc au roi de pousser ses sujets à travailler un peu plus (et à ne pas faire trop d'enfants, même pour payer les retraites !). Le roi acquiesce, et organise de grandes réunions pour présenter la nouvelle organisation du travail.

Nos Pascuans sont contents : travailler un peu plus pour leurs concitoyens ne leur est pas insupportable, à condition que le roi gère correctement son planning familial. Et, plus sage que sage, notre énarque indique au roi que, au moment où il y a suffisamment de gens pour construire les pirogues et nourrir tout le monde, il est bon de s'en tenir là en ce qui concerne les prélèvements sur la nature, et que le reste du temps doit être occupé à faire des choses qui n'impliquent pas de prédation. Il faut tenir bon face à ceux qui voudraient commencer à pêcher encore plus pour ne manger que les joues des poissons, ou qui voudraient ne couper des arbres que pour offrir la fleur sommitale à leur bien-aimée. Dans cette nouvelle organisation, où c'est le flux de prélèvement sur les ressources qui est la limite, il y a des habitants qui ne travaillent pas tout le temps à alimenter les échanges productifs (le bois, les poissons, les cultures). Notre énarque ne voit là aucun problème, dès lors que les personnes concernées n'en souffrent pas sur le plan social. Il se dit qu'ils n'ont qu'à se promener, contempler la mer, ou encore bâtir des châteaux de sable que la mer emportera ensuite. L'énarque « qui ne sait pas compter » considère que son rôle principal est de garantir l'approvisionnement futur en ressources physiques dont dépend le bien-être collectif, c'est-à-dire les forêts et les poissons. Il emmène les habitants de l'île vers un état d'équilibre des flux où les gens vont travailler à la limite du renouvellement de la ressource, et seront heureux comme cela.

Mais arrive un jour un nouveau roi qui a étudié à la Harvard Business School et trouve que son conseiller manque d'ambition. Il veut notamment que son peuple soit capable de construire des statues pour prouver sa grandeur. Le nouveau roi limoge l'énarque en poste, et appelle pour le seconder un nouvel énarque de la promotion « Altius, fortius, citius », formé aux meilleures techniques de la comptabilité et de la finance. Bref un énarque qui sait compter, lui. Après avoir publiquement traité son prédécesseur d'incapable et de petit bras, il oblige les entreprises à tenir une comptabilité privée, et met en place une comptabilité nationale. Il calcule le PIB de l'île. Qu'est-ce que le PIB ? Sur notre île comme chez nous, il s'agit de la valeur de marché (donc d'échange) des produits disponibles pour la consommation finale, ou encore – ce qui revient au même – les revenus des acteurs qui ont contribué à la production en question.

Comme l'activité productive principale de l'île consiste à couper du bois et à pêcher des poissons, le PIB est directement fonction du nombre de grumes abattues et de poissons sortis de la mer. Notre énarque met bien sûr en place des impôts calculés sur cette activité : les pêcheurs vont donner au roi 1 poisson sur 10, et les bûcherons 1 arbre sur 10. Le roi comprend facilement que, à mesure que l'activité augmentera, l'impôt va lui rapporter de plus en plus, ce qui lui permettra de satisfaire tous ses désirs, comme de construire plus vite des statues plus grandes. Notre énarque vient de créer ce qu'il considère être un indicateur de la richesse de la société pascuane : c'est son PIB. Pourtant, cet indicateur est partiel : il ne tient pas compte du travail supplémentaire des pêcheurs ni du stock d'arbres sur pied, et encore moins de la valeur des statues créées. Il mesure juste la valeur des échanges annuels. Le roi n'a pas saisi cette nuance importante (le PIB ne mesure pas un patrimoine, mais un flux) et se laisse aisément convaincre par son énarque d'augmenter le PIB, puisque cela augmente la production matérielle à court terme : plus de poissons, plus de grumes, et plus de belles statues pour le roi. Il suffisait d'y penser !

Cette volonté portant sur la convention (le PIB) va avoir un effet majeur sur le monde réel, c'est-à-dire l'abattage des arbres et la pêche des poissons. Puisque seul compte le flux annuel et non le stock résiduel, notre énarque qui sait compter est naturellement incité – et incite tout le monde autour de lui – à ce que la forêt et les poissons disparaissent le plus vite possible.

Notre énarque a aussi mis en place un indice boursier, dont il souhaite qu'il augmente tout le temps. Facile ! Il suffit de privatiser la forêt, au départ publique, ou même de créer un droit d'abattage exclusif, et de confier cela aux plus entreprenants des Pascuans. La comptabilité du forestier inclut alors la valeur des arbres coupés et vendus, mais aussi la valeur du stock sur pied s'il le possède. Notons que la reconstitution future du stock (et donc les sols, la photosynthèse et la pluie) est toujours absente des comptes. Les propriétaires forestiers deviennent des exploitants qui s'enrichissent s'ils coupent du bois (qu'ils vendent aux entreprises qui produisent les pirogues, lesquelles sont vendues aux pêcheurs qui gagnent plus s'ils pêchent plus). Miracle de l'économie : tant que la forêt ne diminue pas trop vite, la richesse de nos exploitants forestiers s'accroît doublement avec la coupe des arbres. Une première fois parce qu'ils vendent des arbres, et une seconde fois parce que, au fur et à mesure qu'ils coupent des arbres, ils valorisent de plus en plus ceux qui restent. La valeur de marché du stock d'arbres augmente donc à mesure que la pression sur la forêt s'accroît. Et notre énarque de créer un impôt sur le patrimoine, fondé sur la fortune des propriétaires qui ont de moins en moins d'arbres. Le roi est content : tous ses indices augmentent, les ventes de bois augmentent, les poissons pêchés augmentent, les flottes de pirogues augmentent, et la Bourse augmente. Le roi explique donc à ses sujets que tout va pour le mieux dans le meilleur des mondes, et qu'il a eu bien raison de confier à son énarque le soin de compter tout ça.

Évidemment, tous les sujets et le roi lui-même confondent le PIB avec la réalité physique : la valorisation du stock augmente peut-être, mais le stock diminue ! Pour faire croître le PIB encore plus vite, le roi songe du reste à créer des pontons flottants pour pirogues de pêche là où il y avait des plages qui servaient à faire des châteaux de sable. En effet, les poissons pêchés faisant l'objet d'un échange marchand, ils sont dans le PIB, mais pas les châteaux de sable que les Pascuans font pour leur plaisir. On va donc inciter les Pascuans qui faisaient des châteaux de sable à construire des pirogues et à aller pêcher du poisson, ou à entrer au service d'un propriétaire forestier, même si tout le monde a déjà assez à manger. Tout va bien jusqu'au jour où il n'y a plus d'arbres. Le dernier arbre vaut certes une fortune, mais le jour où il est coupé, tous les indicateurs passent instantanément et définitivement à zéro : le PIB pour la production d'arbres, la valeur du stock d'arbres, et donc la valeur boursière de l'entreprise qui produit les arbres. En confondant le flux et le stock (qui représente la vraie richesse), la recherche de l'augmentation indéfinie du PIB mène les Pascuans à leur ruine.

Absurde ? Peut-être, mais dans la vraie vie, avec de vrais chefs d'État et de vrais énarques (et de vrais comptables publics), nous sommes en train de suivre *exactement* le même chemin.

Les Pascuans découvrent la comptabilité publique

Revenons un peu en arrière, avant la ruine de tous les Pascuans. L'exploitation de la forêt a été concédée à une entreprise, et notre énarque a décidé que la comptabilité des entreprises se limiterait à leur masse salariale (et autres revenus versés) : tout ce que l'entreprise forestière a le droit de publier est donc ce qu'elle paie aux bûcherons et aux débardeurs. Au début, l'entreprise commence bien sûr par gérer la forêt en se disant qu'il faut qu'elle en garde un peu pour plus tard. Mais rapidement elle se laisse convaincre que la vérité est dans l'augmentation de l'indicateur qu'elle publie : le propre de tout indicateur est d'entraîner dans la direction de son amélioration ! Il n'y a qu'une seule manière de le faire : embaucher de plus en plus de bûcherons. Tout cela est d'ailleurs encouragé par la pression des actionnaires, qui sont intéressés par le flux du trimestre prochain, et pas le moins du monde par la durée de repousse des arbres.

Absurde ? Nous sommes bien d'accord, et pourtant les États ne raisonnent pas autrement. Le fameux PIB ne compte – par définition – que les revenus des hommes qui assurent la transformation des ressources naturelles pour alimenter des échanges marchands. Le PIB, ce n'est rien d'autre que la fiche de paie de l'humanité ! Les ressources, elles, sont supposées gratuites. Or, elles sont le plus souvent non renouvelables (minerais, hydrocarbures), et quand elles sont renouvelables en théorie nous avons souvent dépassé la capacité de renouvellement (poissons, arbres, sols...). Et il n'existe rien dans notre comptabilité publique qui nous alerte quand nous entrons dans la zone rouge du non-renouvellement. Aujourd'hui, le premier candidat venu aux élections qui dit qu'il veut augmenter le PIB est exactement dans la position du chef d'entreprise pascuan qui ne publierait que sa masse salariale et qui chercherait à la faire augmenter en accélérant la disparition des forêts. Combien d'élus l'ont compris ?

Que ferait notre énarque pascuan s'il voulait une comptabilité publique qui tienne la route ? Il commencerait par se préoccuper de son patrimoine. Mais duquel ? Au sens strict, son patrimoine recouvre ce qui appartient juridiquement à l'État. Notre énarque en ferait déjà un premier bilan, ce qui à ce jour n'est fait nulle part dans le monde. Mais il peut aussi considérer que l'État possède de fait la propriété de ce qui n'appartient à personne, ou de ce qui appartient à quelqu'un mais sert à tout le monde : les minerais, l'atmosphère, les fleuves, les fonctions vitales de la biosphère, le patrimoine bâti ou les infrastructures. En clair, l'État inclurait dans ses comptes l'ensemble des biens et ressources communs, naturels et artificiels. Entre la comptabilité des acteurs privés (entreprises et particuliers, pour faire simple) et de l'État (des acteurs publics au sens large), on retrouverait alors la trace de tout ce qui est concerné par notre activité économique. Il y aurait une valorisation pour les sols qui servent à la production agricole, les rivières et nappes phréatiques, sans lesquelles on mourrait de soif et de faim, les forêts et les prairies, les minerais, les hydrocarbures, etc. Bref, tout le patrimoine naturel du pays dont l'État est le garant aurait une contrepartie dans la comptabilité publique. Il ajouterait à ce patrimoine naturel le patrimoine industriel, le patrimoine culturel et le capital humain.

En partant de cette base, notre énarque pourrait savoir si le pays s'enrichit ou s'appauvrit, c'est-à-dire s'il augmente ou réduit ce patrimoine. Avec cette comptabilité, détruire un peu de stock naturel pour augmenter beaucoup le capital industriel et humain est une bonne affaire, mais détruire beaucoup de stock naturel pour créer un peu plus d'un stock artificiel déjà abondant, en détruisant au passage un peu de bien-être, cesse de l'être. Nous verrions apparaître une notion complètement absente avec un PIB que l'on cherche à faire croître indéfiniment : la notion d'optimum. Il y aurait certes de la valorisation monétaire lors de la diminution des ressources naturelles, car un bien rare prend de la valeur, mais notre énarque fera attention à ne pas se laisser prendre au piège en ne comptant que cela. Le stock de ressources halieutiques vaut de plus en plus cher car les poissons devenant plus rares sont plus chers à l'étalage, mais le fait de voir le poisson moins abondant dans nos assiettes a aussi un prix ! Notre énarque saura donc trouver les parades à ces pièges, dès lors qu'il garde les yeux en face des trous...

Les Pascuans découvrent les coquillages

Pour le moment, notre île de Pâques s'est dotée d'une comptabilité publique, mais le lecteur attentif aura remarqué qu'il n'y a pas de monnaie. Pourtant, l'économie pascuane fonctionne, en ce sens que les habitants peuvent faire des échanges. On échange des poissons contre des pommes de terre, des fruits et légumes contre du bois, du bois contre des poissons, des poissons contre du travail, etc. Mais ce troc rencontre vite des limites, car chaque poisson est différent, chaque arbre aussi, et chaque travailleur ne fait pas la même chose en une journée. Le roi a une idée : il va chercher des coquillages qui se trouvent en abondance sur la plage, autorise une seule personne, qu'il appellera « banquier central », à les peindre à son effigie, et permet que les échanges se fassent avec ces coquillages. Cette contrepartie s'appelle un prix. Très accessoirement, afin que chacun ne crée pas de la monnaie sans rien faire au lieu de travailler, il promet de punir de mort par écartèlement public toute personne qui tenterait de mettre en circulation des coquillages peints à son effigie. Et il décide d'acheter du bois avec ces coquillages. Pour donner confiance à tout le monde dans la valeur de ces coquillages, il punit aussi de mort par pendaison toute personne refusant de les accepter comme moyen de paiement.

Voilà notre économie pascuane sérieusement modernisée ! D'un côté, nous avons toujours les vrais flux : les arbres, les poissons, le travail ; de l'autre côté, les coquillages peints, qui permettent de comptabiliser les flux. Et il ne viendrait à l'esprit de personne de confondre la véritable richesse de l'île et de ses habitants avec les coquillages, qui ne se mangent pas, ne peuvent pas servir de combustible, n'attrapent pas les poissons, font mal aux pieds de surcroît, et ne constituent qu'une convention commode pour fluidifier les échanges. Chacun détient d'ailleurs les deux : des richesses réelles (des poissons pour se nourrir, du bois pour faire les outils…) et des coquillages pour faire des échanges.

Que se passe-t-il si le roi, pris d'une subite lubie, déclare que finalement les coquillages ne valent plus rien, ou bien décide de les récupérer tous ? Les échanges ne peuvent plus se faire en utilisant de la monnaie, ce qui est évidemment un problème conjoncturel pour l'économie. Si les échanges ne se font pas, l'économie part rapidement en dépression puis en récession : pas de flux, pas de PIB ! Dans ce cas, les autorités se hâtent de mettre en place une nouvelle monnaie (l'histoire économique réelle comporte des épisodes de ce genre). Ce type de crise n'est évidemment pas anodin, mais il n'affecte pas du tout le capital matériel et naturel de l'île, pas plus que la quantité et la qualité du travail disponibles. Est-il plus important de manquer de coquillages, ou de bois, de poissons et de travail ? La réponse est évidente : si les habitants de l'île ont des ressources naturelles et du travail à disposition, et s'il ne leur manque que des coquillages pour que les échanges fonctionnent, il leur suffit d'en (re)mettre en circulation pour régler leur problème. Alors que, s'ils n'ont plus de bois, ils disparaissent. La monnaie se crée d'un simple jeu d'écritures, mais pas le pétrole, les gènes d'une espèce disparue ou un climat stable...

Combien coûte une salade ?

L'économiste aime souvent disserter sur l'art de réduire les coûts. Mais qu'est-ce que le coût d'une salade importée ? Un article paru en avril 2006 dans *The Independent* répondait ainsi à la question : vous payez 99 cents, l'Afrique paye 50 litres d'eau potable. Et bien plus si trop de salades sont exportées. Combien coûterait l'assèchement futur du lac Naivasha, au Kenya, dans lequel est puisée l'eau des salades que nous consommons en Europe ? Sans compter que notre salade a aussi coûté du fioul non renouvelable pour être transportée en Europe, ce qui a accru l'effet de serre dont la facture arrivera plus tard... Alors, quel est le coût de notre salade ?

Revenons au domicile de notre énarque qui ne sait pas compter. Pour lui, les choses sont assez évidentes. Il voit bien que les coquillages que le roi a créés ne peuvent pas disparaître au sens où la forêt disparaît. Il se dit que compter les coquillages est finalement sans intérêt pour mesurer les coûts réels de la production de statues. Ces coûts consistent pour l'essentiel en la destruction de la forêt et l'épuisement des carrières. Couper trop d'arbres pour favoriser le nombre de coquillages en circulation lui semble la dernière des absurdités, et s'il faut utiliser un peu plus de coquillages pour bien préserver la ressource (forêt), c'est à faire sans hésiter une seconde.

L'énarque qui sait compter passe après lui et ne l'entend pas de cette oreille. À Harvard (et à Dauphine), on lui a appris que le coût des statues se définit seulement comme le nombre de coquillages utilisés par le chef pour les acheter. Voilà le vrai coût, celui dont il faut s'occuper et qu'il faut réduire en permanence. Les coquillages ne payant que les hommes, tous ces efforts ne conduisent qu'à une chose : réduire la part du travail humain dans la production. Si notre énarque qui sait compter a la possibilité de construire des machines, qui nécessitent peu d'heures de travail pour être produites mais en économisent beaucoup ensuite, on en déduit facilement la suite : il fait construire autant de tronçonneuses et de camions que possible, pour sortir plus rapidement les troncs de la forêt. La productivité du travail augmente, ainsi que le PIB. Évidemment, pour cela, il faut mettre au chômage la moitié des ouvriers, mais on ne fait pas d'omelette sans casser quelques œufs. Une solution évidente consiste alors à produire deux fois plus de statues pour remettre tout le monde au travail, en accélérant la destruction de la forêt. Absurde ? Ne riez pas, ce que nous venons de décrire correspond très exactement à ce que nous faisons dans le monde réel. En augmentant massivement une productivité du travail qui était restée assez stable pendant des millénaires, nous avons créé du chômage (qui est une notion et une réalité économique très récentes), et la réponse « orthodoxe » pour y répondre consiste à chercher à augmenter perpétuellement le PIB, c'est-à-dire à accroître la pression sur l'environnement tant que l'on peut. Le jour où nous ne pourrons plus, tout le système s'effondrera dans une gigantesque crise de ressources, qui emportera sur son passage les 35 heures, les retraites et l'augmentation du pouvoir d'achat.

À force de nous focaliser sur l'argent, nous avons pris nos problèmes économiques à l'envers. Car prendre le problème par le bon bout, c'est se demander de combien de ressources physiques nous avons besoin pour trouver l'existence supportable. La question des coquillages est secondaire par rapport à la question des ressources physiques. En outre, tant que nous étions dans les « vrais » coquillages (c'est-à-dire les pièces en or et argent des temps anciens), il y avait une forme de matérialité à la monnaie, qui freinait naturellement l'expansion des flux de transformation. Difficile de faire plus de pièces en or que ce qui sortait des mines ! L'invention du papier-monnaie, puis de la monnaie bancaire complètement dématérialisée, a de nouveau complètement changé la donne, la récente crise du *subprime* n'étant qu'un des avatars de cette nouvelle invention.

Les coquillages terrassés par le stylo

Le roi pascuan a inventé la monnaie coquillage, mais il n'est toujours pas satisfait. L'île est grande, les coquillages encombrants, et on peut se les faire voler. Il se tourne vers notre énarque qui sait compter, et lui demande s'il ne pourrait pas faire mieux. Ce dernier propose au roi de franchir une nouvelle étape avec la création d'une banque (dont il sera bien sûr le président), permettant de ne plus avoir à transporter les coquillages sur soi. Le principe en est très simple, dit-il : les Pascuans me confient leurs coquillages, je les mets en sécurité et je leur ouvre un « compte en banque ». À partir de là, ils n'ont plus besoin de donner des coquillages pour de vrai : ils feront des chèques, qui représentent un transfert de propriété sur les coquillages en dépôt à la banque. Les échanges monétaires avec cette nouvelle monnaie deviendront un simple jeu d'écritures.

En créant sa banque et en accordant des prêts, notre énarque va accomplir un acte déterminant dans le système économique : il va détrôner le banquier central, qui pour le moment était le seul habilité à créer de la monnaie. Si un humble Pascuan vient lui demander de l'argent (un prêt, un découvert...), notre énarque le lui accorde sous forme de « monnaie papier ». Faut-il pour cela qu'il ait en banque autant de coquillages que de monnaie prêtée ? On pourrait le croire, car, si le bénéficiaire a envie de retirer en coquillages la somme prêtée, il faut pouvoir le payer. Mais en pratique, il y a tellement de clients que tous ne viennent pas demander les coquillages au même moment. Pour l'essentiel, ils vont en rester à la monnaie dite papier (carnets de chèques, cartes de crédit, bref tout ce qui n'est pas pièces et billets). Du reste, pour être sûr que les choses vont bien se passer comme cela, notre banquier crée des carnets de chèques et des cartes de paiement, permettant aux Pascuans d'éviter le passage par la case « coquillages ». Notons alors ce fait majeur : en prêtant de l'argent sans avoir nécessairement des dépôts préalables, et en imprimant un carnet de chèques permettant aux Pascuans de ne plus recourir directement aux coquillages, le banquier *a créé de la monnaie*, exactement comme le banquier central. Laisser les banquiers libres d'accorder un crédit sans avoir la même somme en dépôt chez eux, c'est donc par définition les autoriser à créer de la monnaie. Sans exagérer, nous pouvons affirmer que la banque est un faux-monnayeur légal. Quand la monnaie est créée par des contrefacteurs de billets, on les menace de la guillotine, et quand c'est la banque du coin de la rue qui le fait, on trouve cela normal. Sur le fond, il n'y a pourtant *aucune* différence.

L'énarque a donc accordé un prêt. En retour, il perçoit des intérêts et quelques menues commissions – il faut bien vivre. Cela signifie que le Pascuan va devoir lui rendre plus de monnaie qu'il n'en a emprunté, et que cette monnaie, quelqu'un va aussi devoir la créer. Comme il y a quand même une règle à respecter entre les coquillages reçus en dépôt et les prêts accordés, l'énarque va chercher à convaincre tous les Pascuans de mettre leurs coquillages chez lui ; cela lui permettra d'augmenter ses volumes de prêts et de gagner plus de coquillages encore sous forme d'intérêts. Progressivement il va inventer toute une série de produits et services de plus en plus sophistiqués pour augmenter les dépôts et les crédits, car il est dit qu'il sait compter.

Notre énarque qui ne sait pas compter se dit que toute cette agitation ne produit rien de très concret. Elle ne fait pas pousser les arbres plus vite, ni les poissons se multiplier comme par enchantement. Le crédit pascuan est certes utile : il permet d'avoir tout de suite le bois pour la maison, et de payer en poissons ou en coquillages plus tard. Mais avec la généralisation du recours au crédit, nous prenons l'habitude de consommer l'année N ce que nous allons produire l'année N + 2. Tant que les ressources physiques suivent, pas de problème. Quand elles ne suivront plus, les faillites bancaires se multiplieront. Pour le moment, notre énarque qui ne sait pas compter se dit qu'il serait sans doute aussi utile pour la collectivité que ces financiers construisent des châteaux de sable que la marée emporterait. Sans doute est-ce un rêveur ?

Notre énarque sachant compter, devenu inspecteur des finances, lui, est un homme sérieux. Il sait qu'il y a maintenant beaucoup plus de monnaie bancaire que de coquillages. En clair, la banque a prêté plus que la quantité de coquillages reçus en dépôt, et les sommes dues aux déposants initiaux sont bien supérieures aux coquillages restants dans la banque. C'est bien pour cela que le banquier doit faire l'important et inspirer confiance. Si nos Pascuans prenaient peur et se ruaient vers le guichet de la banque pour chercher à récupérer, tous au même moment, l'équivalent en coquillages de ce qu'ils ont, la banque ne pourrait satisfaire la demande. Si une telle crise de confiance se produit, notre banquier fait faillite. C'est ce qui a manqué se produire avec les diverses banques qui ont été nationalisées en 2008, l'intervention de l'État étant destinée à faire revenir la confiance, qui est l'actif le plus important d'une banque.

Si une banque fait faillite, il se passe deux choses. D'abord, il y a un transfert de patrimoine immédiat des « riches » vers les « pauvres », d'autant plus massif que la banque est importante. Les Pascuans qui ont emprunté et devaient de l'argent à la banque (les pauvres) s'enrichissent : plus de banque, plus de crédit à rembourser ! Inversement, ceux qui ont leurs petites économies à la banque (les riches) s'appauvrissent : fin de la banque, fin des coquillages déposés à la banque. Ensuite, comme la monnaie bancaire est l'essentiel de la monnaie en circulation, il se passe la même chose que dans le cas de la disparition des coquillages : une destruction monétaire. Fin de la banque, fin des écritures sur les comptes en banque, et donc fin de la monnaie bancaire concernée ! La monnaie bancaire (chèques, virements, paiements par carte...) amplifie donc le rôle joué par les coquillages : elle sert à lubrifier et intensifier les échanges physiques. Après la faillite de la banque pascuane, les échanges physiques ralentiraient fortement faute de moyens d'échanges conventionnels. Les acteurs économiques se rabattront sur les coquillages ou réinventeront le troc, en attendant qu'une nouvelle banque soit créée.

Ce que nous avons exposé ci-dessus correspond exactement à ce qui se passe dans les grandes crises financières et bancaires. Tant que la crise ne concerne que des établissements non bancaires, la seule question est de savoir qui perd et qui gagne. Quand la crise s'étend aux banques, les choses deviennent plus sérieuses. Les États-Unis en savent quelque chose pour l'avoir expérimenté en 1929, année où les banques ont fait faillite en série. Et nous l'avons compris à nouveau en 2008. Grâce à nos amis pascuans, voici le mystère de la création monétaire à moitié percé. La question suivante est alors : comment mettre en circulation assez de monnaie, mais pas trop ?

Dépression à la coopérative de baby-sitting du Capitole

Paul Krugman, prix Nobel d'économie en 2008, illustre dans un livre au titre optimiste – *Pourquoi les crises financières reviennent toujours* – les mécanismes de dépression monétaire à partir d'une histoire vraie. Les membres du Congrès américain, dont chacun sait qu'ils ont de multiples occasions de sortie nocturne, se sont organisés pour faire garder leurs enfants en créant une coopérative. Cette coopérative possède sa propre monnaie, à savoir des bons de garde, un bon valant une demi-heure de garde. Quand quelqu'un sort et a besoin de faire garder ses enfants, il donne des bons en paiement. Le système procura satisfaction, jusqu'au jour où il n'y eut plus assez de bons en circulation. Du coup, les sorties se raréfièrent, et les demandes de garde se réduisirent. La récession s'installa : le PIB de la garde d'enfants baissa ! L'association réunit son assemblée générale pour trouver des solutions. De nombreuses solutions dirigistes furent imaginées, jusqu'à l'obligation de sortie le week-end ! Alors que l'idée de la coopérative était de créer de la flexibilité, la « crise monétaire » aboutit paradoxalement au but opposé…

Les sociétaires comprirent après réflexion qu'il suffisait de mettre davantage de bons en circulation, le réglage initial ayant été mal fait. Il suffisait de « frapper monnaie » et les échanges économiques purent s'ajuster au bon niveau.

Trop de coquillages tue les coquillages

Notre énarque qui ne sait pas compter se moque comme de sa première chemise (en fibre de cocotier) des coquillages. Il se dit que cette affaire de coquillages et de monnaie bancaire est juste de l'intendance, et que l'outil n'est pas un but en soi. L'objectif n'est pas de créer de la monnaie, ou du PIB, ou de faire croître la consommation. L'objectif est que les Pascuans soient heureux et aient assez de bois et de poissons, et il faut donc juste assez de travail et de coquillages pour ça. Il se dit que les châteaux de sable financiers bâtis par son collègue inspecteur des finances sont trop compliqués et surtout masquent l'objectif final. En bref, il se dit que la politique monétaire est au service d'un objectif de société, et qu'elle ne doit pas être une vache sacrée dont l'adoration conduit à la disparition accélérée des ressources.

Tout le monde se rappelle les brouettes de billets de l'Allemagne de Weimar et des assignats révolutionnaires, bref, des excès de la planche à billets. Il est évident que si notre coopérative de baby-sitting sort de sa dépression en émettant quelques bons, elle va se créer des ennuis sérieux si elle en émet trop. Le doute va s'installer sur leur valeur et, progressivement, ils ne vaudront plus rien : trop de monnaie tue la monnaie. Comment fixer la limite ? C'est évidemment compliqué dans la vraie vie, avec des milliers de banques et une centaine de monnaies. Mais, puisque ce qui compte vraiment ce sont les ressources, la bonne méthode est à chercher du côté de notre énarque qui ne sait pas compter. Il s'agit de regarder ce qui se passe sur le plan réel quand on pousse un peu les feux monétaires. Dès lors que l'on commence à buter sur les limites physiques, il faut limiter la monnaie pour éviter les embardées (bulles spéculatives notamment). Tant que les ressources réelles ne sont pas sous tension, on peut être moins regardant. Incidemment, notons que quand les ressources sont sous tension, l'inflation peut venir de leur raréfaction, et non d'un excès de monnaie en circulation. La théorie orthodoxe considère en effet que si les prix montent, c'est parce que les gens ont trop d'argent, ce qui explique pourquoi les banques centrales ripostent toujours à l'apparition de l'inflation en montant les taux d'intérêt (pour limiter l'accès au crédit, puisque ce dernier augmente la masse monétaire qui alimente l'inflation). Mais si la hausse vient de la raréfaction des ressources invisibles qui sont pourtant des facteurs de production essentiels, tout cela ne sert à rien !

Comment compter ce qui compte vraiment ?

Les habitants de l'île de Pâques ont disparu pour de bon, et nous ne saurons jamais comment les choses se sont vraiment déroulées, même si la trame générale est à peu près connue. Il est probable qu'ils ont succombé à l'attrait excessif pour la symbolique, en l'occurrence les statues qui sont passées à la postérité. La course pour avoir la plus grosse (statue) a fini par exercer une pression trop forte sur les ressources, et la population est probablement morte de faim, faute de terres à cultiver, emportées par l'érosion après la déforestation, et de pirogues pour pêcher.

Notre symbolique monétaire nous éloigne elle aussi de la réalité physique. En son absence, on ne compte que des objets et des ressources bien palpables, et les signaux d'alerte fonctionnent quand nous approchons des limites. Le système conserve des forces de frottement et des garde-fous qui empêchent d'aller (trop) vite, donc de faire des bêtises irrémédiables. L'apparition de la monnaie puis de l'organisation bancaire et financière fait structurellement sauter une partie de ces garde-fous. Le bénéfice de court terme tiré de l'accélération des échanges devient sans limite apparente, et cela nous entraîne bien trop facilement vers la situation où nous détruisons le capital naturel pour rembourser les intérêts sur le capital artificiel. Nos habitants de l'île de Pâques, une fois la monnaie introduite, sont incités à couper toute la forêt qui existe pour rembourser des coquillages. Évidemment, une fois la forêt coupée en totalité, les habitants meurent, le banquier meurt, le roi meurt et les coquillages ne valent plus rien, mais qu'importe ! Absurde ? C'est pourtant ce qui se passe autour de nous en ce moment... Tous les pays développés se livrent à une compétition acharnée pour piocher chaque jour un peu plus dans les stocks résiduels, afin que le consommateur-roi de tous ces pays, qui mange déjà à sa faim, a déjà ses enfants éduqués et sa santé préservée (l'espérance de vie à la naissance a plus que doublé en deux siècles), puisse être payé plus, c'est-à-dire avoir plus de coquillages.

En quelques millénaires, nous sommes partis d'une convention très simple, en donnant aux objets et au travail une contrepartie en coquillages, et nous avons construit un système monstrueusement compliqué qui s'appelle la finance moderne, avec des taux d'intérêt, des options sur swaps, des crédits hypothécaires, des taux de change flottants, des cours de Bourse, et cette symbolique a gommé la réalité. Nous sommes quotidiennement assaillis d'informations sur la performance des indicateurs monétaires et financiers que tout le monde croit comprendre (même si quasiment personne n'est capable de les définir), alors que pas un Français sur cent (ni nos élus, on y reviendra !) n'est capable de dire quelle est la consommation de pétrole de la France, la superficie de ses terres agricoles ou ses émissions de gaz à effet de serre, bref les flux physiques dont nous dépendons. En outre, 80 % des gens habitent maintenant dans les villes, où nous ne produisons quasiment rien de ce que nous consommons. La nourriture y sort du supermarché, les casseroles et le canapé du magasin du coin, le pétrole de la pompe à essence et l'électricité du mur. Nous avons créé une civilisation des échanges (les échanges, c'est le tertiaire dans la nomenclature de l'INSEE, et c'est 70 % des actifs) qui a perdu le contact avec la réalité physique sous-jacente.

Nos élites sont encore plus urbaines que la population dans son ensemble, et manipulent des chiffres conventionnels que très peu d'entre eux savent « décortiquer ». On termine ses études à la véritable École nationale d'administration (pas celle de l'île de Pâques !), à Harvard et dans la majorité des écoles de « business », ainsi que dans la plupart des cursus universitaires sans avoir jamais rien appris sur la physique sous-jacente aux indicateurs utilisés. On peut devenir chef de (très grande) entreprise, avocat, banquier, ministre, président de la République, patron de journal de référence, magistrat à la Cour suprême ou à la Cour de cassation, bref occuper à peu près tous les postes importants de la société sans rien comprendre aux processus physiques qui sont pourtant indispensables à l'accomplissement de nos activités économiques et sociales. On peut occuper tous ces postes sans avoir la moindre idée des limites physiques à notre expansion, qui vont pourtant avoir des répercussions sur tout ce que nous venons d'évoquer. Il n'y a que quelques cursus scientifiques – et encore, le lien explicite est rarement fait ! – qui rappellent un peu les faits dont nous parlons, mais ils ne sont pas toujours mis à profit dans la vie active dans ce monde où les ingénieurs rêvent de devenir banquiers ou champions du CAC 40. Nous vivons dans un univers bien physique, mais l'essentiel des décideurs sont dans un univers virtuel, fait de conventions. Nous vivons tous dans *Second Life*.

4

La tambouille européenne, du délicieux à l'indigeste

Nous sommes au début des années 1950. L'Europe se relève péniblement de la plus horrible boucherie que le continent ait connue, de son premier conflit de masse impliquant la force mécanisée, de son premier génocide industriel. La vitesse à laquelle s'est faite la réconciliation franco-allemande est à la mesure de l'horreur que les peuples ont éprouvée. Plus jamais ça !

Ainsi est née l'Europe que nous connaissons aujourd'hui. Il s'agissait de créer les conditions d'une paix durable entre des pays régulièrement en guerre depuis des siècles. Sérieux défi ! Pour y répondre, les pères fondateurs sont partis du principe suivant : moins on connaît son voisin, plus on a envie de lui taper dessus. Il fallait donc que les peuples européens aient des occasions de se voir, de se parler, de se connaître… et quoi de mieux que le commerce pour cela ? La meilleure arme anti-conflit était un magasin, la meilleure garantie de paix un agent commercial. Plus les Européens allaient dépendre les uns des autres, et plus les conflits militaires deviendraient inenvisageables, et il est d'autant plus facile de commercer… qu'il y a moins de limitations au commerce. Dès les premiers traités européens (Communauté européenne du charbon et de l'acier, Euratom, et bien sûr le traité de Rome), *et dans tous les traités qui ont suivi depuis*, tout sera donc mis en œuvre pour supprimer ce qui est susceptible d'entraver le commerce. *Exit* les limites à la libre circulation des marchandises pour commencer, dont les barrières douanières intra-européennes ; *exit* ensuite les limites à la circulation des capitaux et des personnes ; fin des entraves à la concurrence qui empêchent le commerce de battre son plein ; et finalement fin des taux de change interne avec l'apparition de l'euro…

L'Europe s'est aussi bâtie sur un certain nombre d'autres valeurs liées à la situation matérielle de l'époque. Les gens sortaient de la guerre ; ils avaient faim, ils étaient mal logés, et nombre d'infrastructures avaient été détruites. Il fallait reconstruire, et il fallait nourrir. Le contexte de l'époque commandait que la tambouille européenne soit aussi très matérialiste et très productiviste. La politique agricole commune (PAC), qui est l'un des grands axes de la construction européenne et qui aujourd'hui encore utilise de très loin le plus gros budget, a engendré une politique ultraproductiviste. Cela n'est pas scandaleux : c'était la bonne réponse au problème de l'époque.

Malheureusement, cette tambouille, pilotée comme la quasi-totalité des politiques publiques des États ou des entités supranationales (l'OMC notamment) avec des indicateurs monétaires, a hérité dès sa conception des tares décrites au chapitre précédent : en se focalisant non sur les flux physiques, mais sur la symbolique monétaire, elle n'a pas su s'arrêter à temps. Comme tous les raisonnements économiques basés sur le PIB, elle a ignoré par construction l'existence d'un optimum. Résultat : aujourd'hui, elle devient de plus en plus contre-productive pour la résolution du problème posé, à savoir diminuer des flux physiques excessifs avant que la marmite n'explose. À l'époque, il fallait un peu de sel pour améliorer la cuisine, mais nous avons progressivement versé toute la salière et le plat est en train de devenir immangeable. Nous aurions pu imaginer, pour illustrer le propos, que les Européens allaient faire du commerce juste assez pour qu'ils ne se tapent pas dessus, et que, quand le but final (la paix) serait raisonnablement garanti par un minimum d'échanges, il serait inutile de continuer à inciter à l'augmentation du commerce (et de la production qui l'alimente). Mais nous n'avons mis aucun garde-fou de cette sorte, et, comme pour nos Pascuans qui confondent PIB et poissons, il nous en faut encore plus, toujours plus, sans bien savoir pour quoi au fond, si ce n'est que cela augmente la quantité de coquillages à court terme dans les poches des commerçants. Avec le dogme de la libre concurrence, nous avons créé une idole, une vache sacrée : nous nous prosternons devant la salière.

Vous en reprendrez bien un peu ?

L'Europe du traité de Rome hérite aussi des idées productivistes des économistes du siècle passé. L'une des raisons des faveurs faites à la concurrence « libre et non faussée » est qu'il s'agit d'un moyen visant à améliorer la productivité du travail. Cette obsession multiséculaire n'est pas hérétique en soi : quand une centaine de millions d'hommes (population du Moyen Âge en gros) devaient livrer un combat de tous les instants pour ne pas avoir faim, avoir un toit et garder leurs enfants en vie, sur une planète infiniment vaste par ailleurs, la productivité du travail était la voie du salut. Ce constat reste valable à la sortie de la Guerre : à l'époque, il faut remettre les gens au travail, augmenter la productivité agricole pour être capable de nourrir tout le monde, et augmenter celle de l'industrie pour reconstruire logements et infrastructures.

À côté de la réglementation mise en place à cet effet, qui ne coûte pas grand-chose en dépenses directes à l'organisme régulateur (un peu de temps pour pondre la règle, quelques moyens de contrôle pour vérifier qu'elle est respectée), l'Europe a aussi utilisé ses ressources financières propres, constituées par des versements des divers États qui la composent. En conjuguant dépenses propres et productivisme, l'Europe a ainsi subventionné de manière massive l'amélioration de la productivité de la pêche en mer, ce qui revient, comme à l'île de Pâques, à supprimer des emplois par unité produite. À l'époque, les stocks étaient encore abondants, et un accroissement de l'effort de pêche permettait d'augmenter les prises sans supprimer de travail chez les pêcheurs. Aujourd'hui, c'est le contraire, et il n'y a que les pêcheurs et les politiques qui ne l'aient pas compris, on y reviendra. Les petits pêcheurs ont disparu, ou presque, et il en reste juste assez pour que nous puissions pleurer sur leur sort quand le pétrole flambe. Ne survivent en fait que ceux qui se sont équipés, grâce à Bruxelles, de véritables navires de guerre, extrêmement productifs tant qu'il reste du poisson.

Même chose pour l'agriculture : largement subventionnée pour augmenter sa productivité, elle est devenue inexorablement pauvre en emplois (un peu moins de 600 000 actifs en France contre dix fois plus après guerre) et très gourmande en énergie et autres intrants (l'énergie se retrouve dans les engrais, produits à partir de gaz avec force émissions de CO_2 à la clé, les pesticides, et la mécanisation des cultures). Sa productivité a augmenté de manière sidérante : il faut un seul agriculteur pour produire aujourd'hui ce que produisaient environ cent agriculteurs au siècle passé. Évidemment, l'agriculteur s'aide d'un pétrole et d'un gaz qui sont gratuits dans ce système comptable, ici comme ailleurs.

L'industrie a aussi fait des miracles en matière de productivité du travail. Tout cela a contribué à l'augmentation permanente de notre niveau de vie, c'est-à-dire à la fois de nos possessions matérielles et de leur valeur en coquillages. Même pendant les Trente Piteuses, qui ont suivi les Trente Glorieuses (1974-2004, en gros), le PIB a crû de 2 % par an en moyenne. Mais les temps ont changé, et nous avons passé depuis longtemps l'optimum physique que l'énarque qui ne savait pas compter avait fort bien identifié. Cet optimum, c'est l'exploitation de la ressource à la limite de son renouvellement, ou à la limite de la capacité d'épuration de l'environnement pour les sous-produits qui en résultent. De ce point de vue, tous les voyants sont désormais au rouge, et ce n'est donc plus la même recette qu'il faut mettre en œuvre pour garantir l'avenir. Ironie de l'histoire, la recette qui était censée garantir la paix dans un monde aux ressources surabondantes va désormais augmenter les tensions dans un monde fini, et conduire à une augmentation du risque de conflit ! Ce changement de paradigme n'est pas facile à expliquer aux pêcheurs, qui sont en train de scier la branche sur laquelle ils sont assis. Lorsque les arbres pascuans sont coupés trop vite, est-il pertinent d'équiper les bûcherons pascuans de tronçonneuses de plus en plus puissantes ? En quoi est-il moins absurde de surarmer les pêcheurs, de subventionner des navires de plus en plus puissants, pour les aider à aller au plus vite vers leur ruine et la fin du poisson abordable pour le consommateur ? Ah, vous avez dit consommateur ? Intéressons-nous un peu à cet oiseau-là.

Dans le secteur de la pêche, ce qu'il faut faire est on ne peut plus simple : le temps que les stocks se reconstituent, il va falloir pêcher moins de poissons. Si nous voulons que dans le même temps les pêcheurs continuent à avoir de quoi vivre, le poisson doit leur être acheté plus cher. En un mot comme en cent, si le consommateur accepte que la préservation du stock de poissons soit une priorité, il doit en accepter la conséquence : le prix du poisson vendu par le pêcheur doit monter. Et si, dans le même temps, nous voulons que les pêcheurs travaillent encore toute la journée, alors il faut qu'ils utilisent de petites embarcations, qui pêcheront moins par heure de mer. Sur le papier, la solution au problème de la pêche est donc d'une simplicité biblique. Il suffit de diviser les quotas par 2, et d'encadrer les prix pour que le prix au kilo payé au pêcheur double, voire triple si nous devons également lui permettre de changer de matériel. Cela suppose d'abandonner une de nos vaches sacrées : la liberté de la fixation des prix, quel que soit le contexte – en d'autres termes, abandonner l'idée que « peu importe que le dernier pêcheur pascuan s'apprête à pêcher le dernier poisson, l'important c'est les coquillages ! ». Il suffit donc de casser la criée et de tordre le cou aux grandes surfaces – qui sont ici du côté du problème –, alors que le premier président venu qui veut préserver le pouvoir d'achat les met du côté de la solution.

Les subventions européennes, initialement conçues pour améliorer le sort de tous, mais auxquelles aucune limite physique n'a été fixée à l'origine, servent désormais à payer la marge des grandes surfaces, tout en vidant les mers de leurs poissons. Superbe résultat ! Si nous encadrons le prix du poisson, en le montant d'un facteur 3 en sortie de bateau, il sera très facile de diviser les prélèvements par 2 (l'essentiel du poisson pêché provient de zones économiques exclusives, où les Européens sont à peu près les seuls à pêcher). Les grandes surfaces n'auront pas d'autre choix que de répercuter le nouveau coût de production, et le consommateur paiera plus cher. Les pêcheurs auront tout gagné dans l'affaire : un stock reconstitué, donc la garantie d'une activité future, et une rémunération plus juste à court terme.

Les solutions à mettre en place dans le domaine agricole

sont plus compliquées que pour la pêche, mais elles procèdent du même esprit. Il va falloir cesser de se prosterner devant les vaches sacrées « productivité du travail » et « libre-échange » partout et tout le temps, et inciter (par des subventions nouvelles ou l'arrêt des anciennes, et par des tarifs douaniers) à des modes de production moins gourmands en énergie et en intrants (insecticides, herbicides et fongicides). Du coup, pour la même production, il y aura plus de travail humain. Avec notre comptabilité actuelle, le prix de la nourriture sera forcément plus élevé, puisque la productivité du travail baissera, mais son coût pour la collectivité, du fait des impacts positifs sur les actifs naturels, aura fortement baissé.

Pas touche à mes impôts

On l'a vu : nos conventions économiques doivent changer pour se mettre à compter ce qui compte. En pratique, cela revient à organiser délibérément la rareté pour une ressource, et il n'y a que deux manières de le faire : mettre du prix (taxes, droits de douane…) ou limiter les droits d'accès (autorisations ou quotas, normalisations, ou interdictions pures et simples). Limiter les droits, ou faire payer quelque chose qui n'appartient à personne, il n'y a pas trente-six agents économiques qui puissent faire cela. Il n'y en a qu'un : la puissance publique, c'est-à-dire l'État, ou tout acteur supranational que l'État désigne par traité (l'Europe, ou encore les agences créées par certains traités). Aucun autre agent économique n'a la possibilité de le faire, ni la légitimité pour cela. Voilà pourquoi la fiscalité est l'un des grands moyens de transition vers une économie moderne (moderne, puisqu'elle répond aux défis du futur !), car elle permet de donner un prix aux ressources naturelles qui, sinon, seront consommées jusqu'à ce qu'il soit trop tard.

Or l'Europe, dans son grand élan de dérégulation pour favoriser le commerce, a édicté moult règles pour limiter la prise des États sur les prix. Pas de droits de douane, pas de prix réglementés ou encadrés, pas non plus de mécanisme unificateur sur la fiscalité. Comme la décision en matière de fiscalité européenne doit se faire à l'unanimité, autant dire adieu à toute harmonisation fiscale avant les ennuis (après on verra !), même s'il s'agit d'éviter la prochaine guerre. Si l'on veut réduire les charges sur le travail et augmenter les charges sur l'énergie, les matières et les ressources naturelles, et qu'on ne le fait pas de manière équilibrée au niveau européen, cela créera ou accentuera des écarts de compétitivité entre les États membres. Inutile de préciser que cela suppose que ni la comptabilité publique ni la comptabilité privée ne changent, et donc que tout le monde continue à compter de travers. Il n'empêche qu'avec cette comptabilité de travers, qui est la seule que les financiers et les économistes vont comprendre pendant encore un certain temps, des écarts de fiscalité se traduisent par des écarts de productivité du travail, et donc de compétitivité. À ce petit jeu, les plus vertueux se font concurrencer par les crapules. La sanction fonctionne à l'envers.

La fiscalité est indiscutablement un vrai sujet de

tambouille européenne. Les impôts sont un sujet politiquement extrêmement sensible, ils font et défont les gouvernements, et il est facile de constater que les grandes décisions en matière fiscale se prennent généralement dans la première année du mandat. Après c'est trop tard : sauf miracle, le plus probable est donc que nous allons perdre encore trois ans en France avec le gouvernement en place, qui ne fera rien de significatif dans notre domaine (et le PS n'aurait pas fait mieux). Les impôts constituent le moyen principal pour remplir les caisses d'un État, et l'un des leviers de l'action publique, dont on comprend que les États européens ne veuillent pas se dessaisir.

Revenons à nos forêts, nos poissons et tutti quanti, ressources sur la consommation desquelles il faut désormais mettre un frein. Des freins, il n'y en a que deux possibles : réglementer ou taxer. Or si la Commission européenne n'a jamais pu s'aventurer sur le terrain fiscal, elle n'a jamais eu d'états d'âme pour réglementer. Les entreprises en savent quelque chose : en matière d'environnement, 80 % de la réglementation qui leur est applicable aujourd'hui n'est que la transposition de directives européennes diverses, voire l'application directe de règlements européens (comme REACH, le nouveau règlement sur l'enregistrement, l'évaluation, l'autorisation et les restrictions des substances chimiques, entré en vigueur le 1er juin 2007). Dès l'origine, l'Europe s'est reconnu une compétence en matière de réglementation, car édicter des règles était compatible et cohérent avec sa mission qui était de favoriser le commerce. La réglementation ne touchait pas les revenus des États et ne conduisait pas à la moindre polémique budgétaire... même si la réglementation est un coût caché !

Si nous avons au moins gagné cela dans l'affaire (la possibilité de réglementations européennes), la réglementation ne peut malheureusement pas suffire à elle seule pour les problèmes que nous avons à gérer. Pour commencer, l'énergie étant partout dans nos sociétés industrielles, gérer la question énergétique par la seule réglementation revient à tout réglementer. C'est vite contre-productif : les règles qui fonctionnent un temps étant difficiles à supprimer quand elles deviennent nuisibles, un tel système empêche toujours, pour partie, la création et le déploiement de « bonnes » innovations (c'est-à-dire du côté de la solution et non du problème). C'est surtout très compliqué : il faudrait réglementer ce qui est admissible pour des dizaines de milliers de produits, du livre imprimé au kilomètre en voiture, en passant par la maison chauffée, le plat surgelé, la bouteille de vin, la fabrication d'un meuble ou d'une chaussette gauche. Un tel système est tellement ingérable qu'aujourd'hui une grosse partie des PME européennes, concernées par des kyrielles de réglementations, ne sont tout simplement pas conformes. Trop de règlement tue le règlement : le chef d'entreprise finit par s'habituer à être dans l'illégalité, et par attacher de moins en moins de poids à la réglementation, quand il n'en devient pas franchement « anarchiste ».

Puisque la gestion par les prix (la fiscalité) lui était interdite, l'Union européenne s'est attaquée à la question des émissions de gaz à effet de serre en s'inspirant de ce qu'a fait le protocole de Kyoto dans un cadre similaire (objectif de baisse des émissions, pas de prise sur la fiscalité). Elle a mis en place un système de quotas de CO_2, en leur conférant un caractère négociable. Un tel système de quotas négociables a déjà fait ses preuves pour les émissions américaines de dioxyde de soufre, ou pour les prises de morue en Islande. Il s'agit d'une manière élégante de créer un signal prix, en contournant la contrainte de l'unanimité fiscale. Un système de quotas négociables n'est rien d'autre qu'un système de tickets de rationnement négociables. L'Union européenne oblige un certain nombre de gros émetteurs (centrales à charbon et à gaz, aciéristes, cimentiers, verriers, papetiers, etc.), qui au total représentent près de 50 % des émissions européennes de CO_2, à limiter leurs émissions, avec un mécanisme de marché qui ajoute de la flexibilité.

En pratique, on commence par définir les sites concernés. Vaste foire d'empoigne : certains préféreraient ne pas y être, d'autres s'en fichent, et certains voudraient y être alors qu'ils n'y sont pas (notamment ceux qui réduisent beaucoup leurs émissions à l'occasion d'une transition technologique qui a été décidée pour tout autre chose que le CO_2). Chaque site concerné se voit attribuer, nominativement, l'autorisation d'émettre un certain nombre de tonnes de CO_2 – appelées « quotas » – et pas plus. Il s'agit donc d'une limitation par les quantités, comme pour les quotas laitiers. La différence avec les quotas laitiers est que ces quotas de CO_2 ne sont pas nominatifs et sont échangeables d'un site à l'autre. Si un site émet moins de tonnes de CO_2 que prévu, les quotas qu'il n'utilise pas peuvent être vendus à un autre site, déficitaire de ce point de vue. Cela signifie qu'un site qui émet plus que les quotas qu'il a reçus pour la période concernée va devoir trouver sur le marché des quotas non utilisés, et les acheter. La théorie veut que le prix du quota augmentera jusqu'à ce que cela coûte moins cher à ceux qui les achètent de réduire leur production de CO_2. Pour que les sites assujettis à cette limitation de leurs émissions puissent acheter et vendre des quotas, l'Union européenne a dû organiser un marché des quotas en question, qui aujourd'hui fonctionne comme n'importe quel marché boursier, avec des acheteurs et des vendeurs, et des prix constatés lorsqu'il y a une transaction. Vous voulez acheter une tonne de CO_2 ? Courant 2008, mais avant la crise financière, un vendeur vous proposait cela pour environ 30 euros. La période de 2005 à 2007 a constitué une période de rodage, avec des allocations initiales laxistes, et un quota qui a fini par valoir moins de 1 euro. La Commission européenne s'est rendu compte de ces ratés, et a décidé de durcir progressivement le système. Une première étape a été franchie avec des allocations pour la période 2008-2012 qui ont été nettement moins laxistes, et une nouvelle étape sera franchie à partir de 2013, avec des allocations décidées directement par la Commission et non par les gouvernements nationaux qui avaient chacun tendance à protéger leur industrie.

L'une des priorités de la présidence française de l'Union européenne a précisément été de faire signer le « paquet énergie-climat », qui fixait à la fois les objectifs généraux de la politique européenne (par exemple, une baisse de

20 % des émissions de gaz à effet de serre) et des modalités plus techniques, comme la désignation de l'entité qui effectue l'attribution des allocations initiales. Les discussions sont évidemment l'occasion d'une rude mêlée : les industriels des 27 pays ne réagissent pas du tout de la même manière quand ils sont obligés d'acheter des quotas à 30 ou 40 euros la tonne. Pour certains, comme les producteurs d'électricité, c'est un non-sujet. Ils ne sont pas soumis à la concurrence internationale, et comme aujourd'hui tout kilowattheure produit en Europe trouve preneur ou à peu près, il n'y a aucun problème pour répercuter le supplément dû au CO_2 dans les prix. Pour d'autres, comme les cimentiers (un peu), les sidérurgistes (un peu), les producteurs de métaux non ferreux (beaucoup plus), ou les chimistes (liste non exhaustive !), cela peut être un vrai souci, car ils vendent sur des marchés mondiaux, en concurrence avec des producteurs situés dans des pays qui imposent moins de contraintes environnementales. Et ce d'autant qu'ils voient le prix de l'électricité augmenter, à la fois du fait des quotas et pour les raisons évoquées au chapitre 1.

Alors, que faut-il faire ? Se prosterner devant la sainte compétitivité internationale en laissant les acteurs qui ne comptent que le travail humain consommer les ressources gratuites à vitesse accélérée, ou préserver les ressources qui conditionnent l'activité future ? À nouveau, notre île de Pâques répond à la question. Jared Diamond a insisté sur le fait que dans la véritable histoire il y avait plusieurs clans rivaux, le clan dominant étant celui qui faisait les plus belles statues. Or quand on analyse attentivement le discours sur le droit au développement, on réalise que cela se traduit le plus souvent en droit au superflu. Le vrai développement, qui consiste à ne pas mourir de faim, à avoir des dents en bon état, à posséder un vélo ou un âne de trait, à ne pas voir mourir ses enfants et à leur garantir un confort sanitaire et éducatif minimum, il y a longtemps que nombre de peuples dits « en voie de développement » l'ont atteint. Aujourd'hui, le droit au développement invoqué par les Occidentaux n'est le plus souvent qu'un cache-sexe pour justifier que l'on ne souhaite pas soi-même renoncer au superflu. Mais tout sacrifier pour disposer du superflu, en se retranchant derrière la divinisation de la compétitivité, est-ce vraiment cela que nous voulons ?

Le monopole public, quel scandale !

Comme nous l'avons déjà vu, depuis ses origines et le traité de Rome, l'Europe s'est bâtie sur l'idée qu'il fallait augmenter les échanges commerciaux, et que tout ce qui constituait un obstacle à cela devait disparaître. Tous les traités successifs ont repris ce principe de base de libéralisation des échanges, et la Constitution européenne n'avait pas innové de ce point de vue. Tous ceux qui ont naïvement cru qu'en refusant la Constitution européenne ils allaient se débarrasser de cette volonté de faire sauter toutes les protections contre la préservation des marchés intérieurs en seront pour leurs frais. Le traité antérieur (Nice), et ceux qui ont précédé, dont Maastricht, ont tous repris ce qui avait déjà été décidé au moment du traité de Rome. Sans qu'à aucun moment on se demande « c'est quoi la question ? » (en l'espèce, la paix et la préservation de l'avenir), les politiques et la Commission, unis dans l'absence de remise en question, ont considéré qu'il fallait continuer à libéraliser tout ce qui leur tombait sous la main. Alors, libéralisons ! L'industrie, le commerce, les services, l'électricité… Ceci a conduit à la mise en œuvre d'une série de directives toutes plus ou moins contestables du fait même de leur caractère principiel (par principe, la libéralisation est bonne), et du fait qu'elles ne tiennent compte ni des particularismes locaux, ni du changement d'ordre de grandeur sur les flux physiques associés à nos activités.

On comprend bien la logique de tout cela : en soumettant à l'aiguillon de la concurrence tout ce qui se vend, la productivité du travail est censée augmenter, et le rapport qualité/prix doit s'améliorer pour le consommateur. Évidemment, ce que le consommateur gagne, le salarié et le citoyen le perdent, mais on ne fait pas d'omelette sans casser des œufs. L'apparition de nouveaux acteurs permet en outre d'affaiblir les organisations syndicales qui, dans les anciens monopoles, peuvent truster le personnel et prendre en otages les consommateurs au moment des grèves. Cela étant, si la grève est pénible sur le moment, elle fait partie de ces « forces de frottement » qui nous empêchent de consommer trop vite les ressources non renouvelables…

Pour en revenir à nos directives libéralisantes à tous crins, on comprend que l'idée était pertinente en 1955, dans un monde sans limites et pour unifier des peuples désunis. Mais un simple exemple montre combien les « idées » peuvent conduire à l'inverse de ce qu'elles visaient, quand elles se transforment en principe figé sans s'adapter à un monde qui a changé.

Libéraliser le service des renseignements téléphoniques (le 12) : qui y a gagné ? Manifestement pas le consommateur, qui ne sait plus quel numéro composer dans la foire d'empoigne actuelle. Les entreprises de télécoms qui rendent le service ? Elles sont toutes obligées de dépenser des fortunes en communication pour tenter de nous rafraîchir la mémoire, pendant que le renseignement se développe surtout sur Internet. Les grands gagnants sont évidemment les agences de publicité et les télévisions commerciales qui se font parrainer les émissions. Était-ce le but visé ?

La libéralisation de l'électricité et du gaz conduira à bien pire. Le premier argument avancé est, ici comme ailleurs, que le prix de l'électricité baissera. Or la moitié de l'électricité européenne est produite à base de combustibles fossiles, dont il faut au contraire faire monter les prix. Comment concilier le discours du commissaire à la concurrence qui veut faire baisser les prix avec le discours du commissaire à l'environnement qui voudrait les faire monter ? Comme l'environnement (la contrainte physique) finira par gagner, c'est à l'évidence très contre-productif que de rabâcher à longueur de discours que c'est une bonne chose de faire baisser les prix de l'électricité. En outre (et heureusement, d'une certaine manière !), cela se révèle complètement faux en pratique, comme on le voit bien aujourd'hui. Le prix libre a augmenté partout, et en France le prix réglementé est inférieur au prix de marché. On sait aussi aujourd'hui que, hors récession majeure, le prix de marché de l'électricité va croître. La belle théorie de la concurrence parfaite, qui normalement fait baisser les prix, ne fonctionne pas avec l'électricité, qui obéit à un régime de prix assez particulier, à cause de la physique. La physique, c'est que l'électricité ne se stocke pas. À tout moment, la production électrique doit donc être égale à la consommation électrique. Les électriciens mettent en route, selon le moment de l'année ou de la journée, une capacité de production plus ou moins importante, qui correspond à la demande. Il se trouve que les moyens mis en route quand la demande est forte sont aussi les plus chers, et aujourd'hui les producteurs alignent la totalité des kilowattheures qu'ils vendent sur le prix de production le plus élevé des moyens qu'ils mobilisent. Ce mécanisme est bien plus puissant que la concurrence, et fait monter les prix. Incidemment, comme il est impossible de consommer plus d'électricité qu'il n'en sort des centrales, si ces dernières sont insuffisantes pour répondre à une demande qui croît de 2 % par an, alors la régulation se fera par des délestages (terme pudique pour désigner des coupures volontaires). C'est clairement ce qui va finir par se passer si nous laissons la situation actuelle aller jusqu'à la crise systémique.

En France, nous avons eu la bonne idée de conserver – pour le moment encore – des prix très encadrés pour l'essentiel de la consommation électrique, notamment celle des ménages. Mais si nous avons une libéralisation complète des prix de l'électricité, alors les producteurs d'électricité nucléaire, qui ne sont pas plus bêtes que vous et nous, monteront leurs prix quand les producteurs européens d'électricité au charbon seront obligés de produire plus cher. Quand on monte les prix de vente sans avoir des coûts de production plus importants, cela permet d'empocher plus d'argent : cela s'appelle la rente nucléaire (ou la rente hydraulique, car le même mécanisme s'applique aux barrages au fil de l'eau). En résumé, le marché libéralisé pour l'électricité, dans un monde dans lequel le prix de l'énergie fossile augmente, et où le goulet d'étranglement est du côté de l'offre, cela fera monter les prix. Or, de 2006 à 2008, les prix du charbon – un tiers de l'électricité européenne – sont passés de 50 dollars à plus de 140 dollars la tonne. Le prix du gaz – 15 % de l'électricité européenne, en ordre de grandeur – a aussi fortement augmenté. Ceci expliquant cela, le prix de l'électricité sur le marché libre est monté. Les industriels qui lèvent les bras au ciel aujourd'hui ont beau jeu de s'offusquer de cette hausse : pourquoi donc le capitaliste producteur d'électricité aimerait-il moins son bénéfice que le capitaliste industriel qui en achète ? Il suffisait de saisir le mécanisme expliqué ci-dessus pour comprendre que les prix allaient monter, et nous avons donc eu, grandeur nature, une première très belle démonstration du fait que, quand la physique s'en mêle, la belle théorie économique qui veut que « concurrence is good pour faire baisser les prix » ne fonctionne pas.

Revenons à notre question, pas tout à fait mineure, de l'avenir du monde. Est-il vraiment de bonne politique économique, et de bonne politique tout court, de laisser le marché et la libre concurrence gérer l'énergie au niveau européen, quand on sait ce que représente l'énergie dans les activités humaines ? Ayant déjà amplement glosé sur la théorie (l'énergie est partout, puisque c'est par définition l'unité de transformation du monde), passons à un peu de « pratique-fiction ». Que donnerait aujourd'hui une grande panne d'électricité de quelques mois en France ? Probablement plus d'un million de morts. Cette panne nous priverait de toutes les pompes et donc de l'adduction d'eau, de son épuration, du fonctionnement des hôpitaux (où les moyens de secours permettent de tenir quelques heures ou jours), de la conservation par le froid, de tous les moyens informatiques (ce qui, par ricochet, coulerait probablement la totalité des banques puis l'essentiel de l'économie). Un tel incident ferait probablement sauter le gouvernement sinon la démocratie, après avoir fait sauter – mais c'est un épiphénomène dans le tableau ! – la direction des producteurs d'électricité. Sans aller jusque-là, une interruption soudaine de l'approvisionnement en gaz russe supprimerait 15 % de l'électricité européenne et nous ferait courir des risques perpétuels de black-out. Les questions de sécurité d'approvisionnement énergétique sont donc éminemment politiques et stratégiques pour tous les pays du monde.

Cette sécurité d'approvisionnement européenne est-elle mieux ou moins bien assurée avec un marché européen ouvert ? Comment garantir que des entreprises privées, biberonnées au « toujours plus » depuis la nuit des temps, géreront intelligemment la période de restriction et de monde énergétique fini qui s'annonce ? Et pour gérer le monde fini, est-il plus efficace d'avoir des champions européens privés et des ouvertures à des opérateurs non européens (toujours au nom de la suppression de tout ce qui peut ressembler à une entrave au marché), ou d'avoir des monopoles publics nationaux – voire européens ? Les discussions avec la Russie, l'Iran et quelques pays du Moyen-Orient sont-elles facilitées par cette organisation ? Rien n'est moins sûr. Ce qui est certain en revanche, c'est que la priorité, bien avant l'organisation d'un marché concurrentiel, est celle d'une politique énergétique européenne qui permette de ne pas nous envoyer dans le mur, passé les pics de production du pétrole et du gaz, et qui empêche notre espèce de consommer tout le charbon disponible. Et il est très douteux que l'organisation concurrentielle facilite la réalisation de cet objectif stratégique pour l'Europe, et essentiel pour la paix, non pas des générations futures, mais des générations actuelles.

Surtout quand ils sont poussés par des actionnaires financiers pressés, les investisseurs privés raisonnent à plus court terme que les investisseurs publics. Quand le gaz était peu coûteux, la turbine à gaz représentait le choix privilégié par les producteurs d'électricité qui devaient construire une nouvelle centrale. C'est aujourd'hui le charbon qui prend la tête des moyens économiquement les plus performants, malgré le coût du CO_2, et malgré le caractère plus capitalistique du charbon que du gaz. Est-ce un bon choix ? Dans l'économie de l'énarque pascuan qui sait compter, oui, puisque seul compte le travail humain et qu'il y en a moins par kilowattheure électrique produit avec le charbon que si on utilise du gaz. Mais l'énarque pascuan qui ne sait pas compter verra aussi que c'est une catastrophe pour le climat futur, et que cela est très imparfaitement pris en compte dans le système de quotas. Même en espérant que le durcissement du marché des quotas de CO_2 fasse évoluer cet ordre de mérite, le retard pris est considérable, car le signal arrivera après la construction des centrales au charbon. Rappelons que, pour que les émissions mondiales de CO_2 ne mettent pas nos enfants dans un « enfer climatique » (qui sera surtout un enfer humain parce que la population sera trop déstabilisée), il faut supprimer l'ensemble des centrales à charbon mondiales dans les vingt ans à venir, ou les doter d'un dispositif de capture et de séquestration, ce qui revient à casser pas mal de choses dedans, et coûte aussi cher qu'une centrale neuve. Pour faire simple, la limite supérieure à ce que nous pouvons encore mettre comme CO_2 dans l'atmosphère se borne à la combustion du carbone contenu dans les réserves prouvées de gaz et de pétrole, et rien d'autre (et donc surtout pas de charbon). Pour obliger les producteurs d'électricité au charbon à démanteler leurs centrales, sauf ceux qui mettent en place un dispositif de capture et de séquestration, n'aurait-il pas été plus rationnel de laisser notre énarque qui ne sait pas compter aux commandes ? Dit en termes plus orthodoxes, les décisions d'investissement doivent être totalement maîtrisées par des États garants de l'intérêt général, en intégrant des contraintes de long terme comme celles du changement climatique et de l'épuisement des stocks de combustibles fossiles.

Dans les conditions actuelles, le marché conduit à économiser la seule chose que l'on compte, à savoir les hommes. Pour conserver une production en économisant du travail, il n'y a pas trente-six manières de faire : il faut recourir aux machines, donc à l'énergie. La logique financière brute conduit donc le plus souvent à augmenter le contenu en énergie de la production, et à diminuer son contenu en travail. À peu près tous les secteurs industriels ont suivi ce chemin-là. Espérer que le marché non régulé va inciter aux économies d'énergie qui nous éviteront la catastrophe dans vingt ou trente ans est aussi illusoire que de s'attendre à ce que votre papier-toilette se transforme en tickets gagnants au Loto. Pour orienter les investissements de long terme, il faut des règles précises et contraignantes, qui ne sont pas (plus ?) celles de l'Europe actuelle. L'objectif est clairement de faire en sorte que les acteurs économiques gagnent mieux leur vie en investissant dans ce qui réduit la demande plutôt que dans une offre visant à satisfaire une demande croissante qui va de toute façon rapidement se heurter à une limite. Les quelques rustines inventées pour tenter de réaliser l'irréalisable (transformer les « producteurs d'énergie » en prestataires chargés de réduire en permanence la dépense énergétique, via des usines à gaz comme les certificats d'économie d'énergie) constitueraient sûrement d'intéressants sujets d'études universitaires, mais sont complètement à côté de la plaque s'il faut réduire notre consommation d'un facteur 3 à 5 en cinquante ans.

Enfin, s'il fallait une autre raison de douter de l'intérêt

de cette concurrence parfaite dans le marché européen, force est de constater qu'elle ne sert pas à créer une unité européenne face aux fournisseurs de gaz ou de pétrole. Les tractations actuelles avec Gazprom – et les discussions sur les réseaux d'approvisionnement en gaz – qui se font en ordre quelque peu dispersé montrent que le nationalisme est toujours bien présent. L'Europe de l'énergie a donc fait une vache sacrée d'une recette de cuisine qui avait bien fonctionné. Elle a mis en œuvre, pour des raisons de principe, une organisation de marché concurrentiel, alors que la priorité était dans l'organisation d'une politique énergétique commune permettant de faire face aux redoutables enjeux de long terme. Il est encore temps de se ressaisir pour éviter le pire, mais il faut faire vite : l'horloge tourne.

Ton déficit public tu exécreras

Si l'Europe s'est interdit de toucher à la partie « recettes » des États, assez curieusement elle s'est dotée d'une règle de limitation des dépenses. En effet, le traité de Maastricht a stipulé que le déficit budgétaire ne devait pas dépasser 3 % du PIB d'un État européen, et la dette publique 60 % du même PIB. Loin de nous l'idée que l'État puisse se permettre une gabegie ou une insouciance que nous réprouverions chez notre conjoint ou notre employeur : les contribuables que nous sommes presque tous n'aiment pas payer d'impôts, et n'aiment pas avoir le sentiment que les administrations publiques, que ce soient l'État, les collectivités locales ou les régimes sociaux, gaspillent notre argent. Mais le choix d'une monnaie unique a aussi joué son rôle dans l'adoption de cette règle.

L'Europe s'est dotée d'une monnaie unique pour les avantages économiques qui lui sont attachés : facilité des échanges commerciaux et touristiques entre pays de la zone Euro (encore l'augmentation des flux !), pas de flottement ni de risque de change entre les pays européens, et une monnaie stable et appréciée au niveau international car associée au premier PIB mondial, ce qui facilite les transactions et réduit les risques de change dans les affaires avec le reste du monde. Le pétrole a bénéficié – si l'on peut dire ! – de ces avantages récemment : la parité euro / dollar a augmenté en même temps que les prix du pétrole, de telle sorte que ce dernier a beaucoup moins augmenté en euros courants qu'en dollars courants. Ce ne serait pas le cas si l'euro était moins fort. Or, pour que l'euro ne s'effondre pas du jour au lendemain dans un système financier mondialisé, il faut que les gros emprunteurs (États et administrations diverses) ne s'endettent pas trop, faute de quoi il en résulterait des attaques spéculatives à répétition. Mais nous allons voir que ces règles de rigueur budgétaire procèdent un peu trop de l'adoration des coquillages, et détournent – une fois de plus – l'attention des ressources qui comptent vraiment.

Petit détour par le Grenelle de l'environnement, que plus personne n'est censé ignorer en France. Ce processus en apparence révolutionnaire perd chaque jour de sa crédibilité, parce que apparaît un décalage croissant entre les discours (vous allez voir ce que vous allez voir) et l'absence de moyens nouveaux. En théorie, il n'y a pas d'obstacle – il suffirait de redéployer les moyens existants –, mais, en pratique, c'est une autre affaire. Pourquoi cela ? Parce que le plus gros des dépenses de l'État sont des dépenses de personnel, et que redéployer les moyens signifie en pratique confier de nouvelles missions à des gens qui ne sauront pas nécessairement faire. Indépendamment des questions de statuts et des lenteurs propres à l'administration, on ne transforme pas rapidement un professeur de français en énergéticien, ni un employé de bureau du service des impôts en spécialiste du changement climatique, surtout si on le prie en plus de changer de lieu de travail. Même en période d'effort de guerre, un État se doit, dans son rôle d'orientation et de régulation, d'être compétent.

La deuxième raison est plus conjoncturelle : le ralentissement économique fait baisser les recettes, et les marges de manœuvre – qui consistent à serrer un peu les écrous ici et là – sont déjà mobilisées pour des besoins purement comptables, à savoir tenter de retourner à l'équilibre budgétaire, même si cet objectif se discute. Dès lors, rechercher l'équilibre budgétaire ET la mobilisation de moyens nouveaux dans un contexte de ralentissement économique tient de la quadrature du cercle, et c'est bien pour cela que se pose la question de savoir ce qu'il faut vraiment abandonner dans cette affaire.

Tant que la liste des priorités commence par un budget à l'équilibre, tout pousse à en rester à des déclarations d'intention, ou à mettre en œuvre des mesures peu coûteuses pour l'État, comme de nouveaux règlements ou comme le durcissement de règlements existants, sans se soucier de leur efficacité puisque ce sont les seuls accessibles. Ce type d'actions n'est pas tout à fait sans intérêt, mais n'est évidemment pas à la mesure des enjeux, sans compter que, sur ce terrain (de la réglementation), l'Europe fait mieux.

Prenons un seul exemple. Imaginons que les Français (et a fortiori les Européens) doivent délocaliser une partie des habitants des villes vers la campagne, où s'écrira une partie de l'histoire d'un monde sobre en énergie, et que dans le même temps il faille rénover thermiquement les bâtiments existants qui seront encore utilisés. On ne va pas y arriver avec trois bouts de ficelle : il faut une communication massive, une formation approfondie des filières professionnelles concernées (architectes et urbanistes, artisans du bâtiment, distributeurs, fabricants de matériaux), une mobilisation des banques pour financer tout cela, avec une bonification de taux au moins au début, la mise en place de garanties pour les bénéficiaires des rénovations, et un financement d'État pour les ménages les plus pauvres. Il va également falloir rendre obligatoire la rénovation thermique de tous les logements ou bureaux anciens au moment de leur cession, et nous avons sûrement oublié quelques bricoles. Il est complètement illusoire de croire qu'un tel plan, à mener tambour battant, puisse ne rien coûter à l'État. Est-il mauvais pour les finances publiques pour autant ? À très bref délai, probablement, mais à moyen terme c'est tout le contraire. Un tel plan mobiliserait en gros un millier de milliards d'euros sur deux décennies (l'essentiel de cet argent est privé), et il représente tout à la fois une opportunité majeure pour fournir du travail (donc ce que l'on peut appeler un plan de sortie de crise alors que l'économie s'essouffle, et nous sommes loin d'avoir tout vu), et un retour sous forme de recettes de TVA et autres recettes fiscales. Pour les caisses sociales – qui ne sont pas le budget de l'État, il est vrai – cela engendre une baisse des dépenses d'indemnisation du chômage et une augmentation des cotisations retraite. Pour les ménages, ce plan améliorera leur situation financière dans un contexte de hausse structurelle du prix de l'énergie ; il constitue donc une assurance contre la crise énergétique à venir. Cerise sur le gâteau, le secteur du bâtiment, essentiellement occupé par des petites entreprises de main-d'œuvre, est assez peu susceptible d'être concurrencé par des multinationales chinoises à capitaux saoudiens.

L'Europe va devoir faire les mêmes choix que l'État français : doit-elle se soucier en priorité de ses coquillages, ou des ressources qui conditionnent l'espérance de vie future ? Il suffit de poser la question pour y répondre. Si les règles et conventions européennes nous empêchent de mettre en œuvre les solutions réelles qui s'imposent pour éviter que tout notre petit jeu de Monopoly ne se termine en bazar généralisé, ce sont ces règles et conventions qu'il faut changer. Comment faire en pratique ? Revenons aux idées de base. Pour donner confiance en la monnaie unique, la zone Euro a souhaité interdire aux États de disposer du contrôle de la planche à billets. En effet, si la puissance publique peut créer de la monnaie à volonté, cela n'inspire pas confiance dans la valeur future de la monnaie que l'on peut lui prêter, par exemple pour boucler ses fins de mois (en France, le service de la dette est le premier poste budgétaire de l'État). Du coup, la zone Euro dispose d'une banque centrale européenne, indépendante de la Commission, et chargée uniquement d'assurer la stabilité des prix en fixant le taux d'intérêt « de base », celui qui conditionne tous les autres.

Pour les raisons évoquées ci-dessus, la zone Euro s'est aussi dotée d'un pacte de stabilité, qui oblige les États à limiter leur déficit budgétaire. Avec une banque centrale qui fait la chasse préventive à l'inflation en augmentant les taux d'intérêt dès qu'une once de soupçon de possibilité d'inflation est envisagée, et des États qui ne peuvent gonfler leurs dépenses, quelles qu'elles soient, sous peine de se voir imposer des pénalités financières par la Commission, la construction européenne est bien équipée pour la restriction, mais pas pour le financement des investissements quand l'ouragan approche.

Si l'endroit ne mène nulle part, raisonnons à l'envers

Nous sommes évidemment de doux rêveurs, doublés de dangereux cryptocommunistes ne rêvant que de couper la tête aux capitalistes. L'Europe est soumise à une compétition de plus en plus féroce, et elle a mis en place des dispositions institutionnelles, bonnes ou mauvaises, mais qui s'imposent. Nous devons donc conditionner nos plans d'action à leur faisabilité au vu des contraintes actuelles.

Si cela limite l'ambition européenne en matière d'environnement à des queues de cerise, ainsi soit-il.

La tentation du réalisme apparent, résumée à grands traits ci-dessus, est évidemment très forte. Malheureusement, ce réalisme apparent nous conduit tout droit à la guerre. La paix, l'actif le plus précieux de l'Europe – et du monde occidental –, ne résistera pas longtemps à une crise énergétique majeure, à une crise majeure d'approvisionnements de ressources stratégiques, ou à une transition climatique massivement destructrice (et encore moins à ce qui est le plus probable, à savoir une savante combinaison des trois). En effet, comme c'est notre énarque qui ne sait pas compter qui a raison, la course aux coquillages nous amènera inéluctablement une destruction suffisante des actifs physiques (stocks de pétrole ou climat stable, ressources biologiques ou sols) pour conduire tout droit à l'effondrement économique. Ce dernier nous amènera alors le chômage de masse, la désorganisation massive faute de moyens matériels, la perte brutale de valorisation pour les actifs des ménages et des entreprises, dont la perspective de se couler une retraite heureuse est aujourd'hui, en pratique, financée à « crédit écologique ». Ce brutal retour à l'inconfort et à l'insécurité pour des personnes habituées à l'abondance depuis trois générations ne sera pas de bon conseil. Ce qui nous a « civilisés » en apparence depuis cinquante ans, est-ce la conséquence d'un changement génétique, ou simplement le fait que nous vivons depuis deux générations dans l'abondance matérielle croissante, et qu'il y a de la place pour tout le monde et toutes les aspirations sociales d'augmentation de ses revenus sans gêner quiconque à court terme ?

Prenons donc les choses dans l'autre sens : ne pas vivre de crise énergétique peut se révéler une formidable occasion de redonner un nouveau souffle à l'Europe, autour d'un objectif qui fait sens. S'il en est encore temps, il faut pour le coup remettre les choses à l'endroit : avant d'élargir l'Europe, on aurait dû se demander au service de quel objectif ! Car aujourd'hui, pendant que les pays historiques de l'Ouest envisagent de réduire la consommation d'énergie, les nouveaux accédants de l'Est ne rêvent que d'imiter le chemin suivi par l'Ouest, et nous savons qu'ils n'y arriveront pas. Quelle autre porte de sortie avons-nous que de relancer le processus autour d'un changement de paradigme ? Sinon, que deviendra ce bel édifice européen le jour où les limites du monde physique feront des dysfonctionnements économiques la chose la mieux partagée en Europe ?

En attendant, les blocages que nous venons de mentionner sont tous issus de traités qui ne sont pas modifiables autrement qu'à l'unanimité des pays concernés. Un seul homme politique irresponsable d'un pays peut bloquer une modification institutionnelle qui simplifie le fonctionnement de l'Europe, et lui permettrait de gagner cinq à dix ans face à la contrainte énergétique. La simplification institutionnelle et l'élan unificateur autour d'un changement de hiérarchie dans les objectifs étaient *les* bénéfices de la Constitution, que nous avons refusée en pensant pour certains que nous pourrions tout reprendre. Cela ne semble pas très facile dans les faits ! Quoi qu'il en soit, prendre le problème par la question institutionnelle, qui est indispensable mais ne passionne pas les foules et donne lieu à de multiples malentendus, ne peut aboutir à bref délai. « Redonner du souffle à l'Europe » bute rapidement sur des réalités juridiques qui s'imposent. Comment sortir de cette impasse ?

La seule option possible consiste à trouver une solution spécifique à la question énergie-climat, même si elle remet en cause certaines des vaches sacrées de la construction européenne. La seule considération pratique consistera à savoir si ces vaches sacrées peuvent être juridiquement sacrifiées avec le seul accord de quelques acteurs clés ! Cela pourrait aller jusqu'à fonctionner avec une Europe au départ plus réduite pour donner l'impulsion initiale, comme les accords de coopération renforcée l'avaient envisagé dès lors que cela ne contrevient pas aux règles européennes. Rappelons que les cinq plus gros émetteurs de gaz à effet de serre d'Europe (France, Allemagne, Italie, Grande-Bretagne, Espagne) émettent les trois quarts des émissions de l'Union. Si ces cinq pays s'accordent sur un programme concret, sans contrevenir aux principes européens, il faut y aller, et on se préoccupera d'unanimité plus tard. En fait, il est plus que probable, en pareil cas, que l'essentiel des autres pays finiront par rejoindre le cortège, à l'exception de quelques francs-tireurs.

Que pourrions-nous trouver dans un tel plan ? Tout d'abord, le financement sur fonds publics d'un programme de grands travaux écologiques et énergétiques, qui peuvent aller de la reconversion accélérée d'une partie de la voirie urbaine en pistes cyclables à une politique foncière permettant d'affecter les terres périurbaines à des activités agricoles, en passant par la formation accélérée des artisans du bâtiment et la construction de quelques usines pilotes pour des technologies prometteuses, et à une politique industrielle de grande ampleur dans les secteurs qui le méritent. Ce programme sera financé de manière « hétérodoxe » si nécessaire, en remettant en cause le calcul du déficit public et en isolant ce financement de celui des dépenses courantes. À côté de ce programme, il faut revenir en arrière en ce qui concerne la libre concurrence dans le domaine énergétique et voir comment mettre en place une vraie politique énergétique commune.

Enfin, l'Europe pourrait imposer le changement d'indicateur macroéconomique de référence en supprimant le PIB – ou en imposant une double comptabilité pendant un certain temps. Pas faisable ? Bien sûr que si. Nos pères fondateurs ont voulu l'Europe, et, moins de dix ans après que leurs peuples se sont déchirés dans une haine raciale sans précédent, ils l'ont faite. Aujourd'hui, il ne s'agit que de faire tourner la planche à billets et de changer de règles dans la comptabilité publique pour sauver la paix. Et ce serait impossible ? Non seulement c'est possible, mais il est plus que temps de s'y mettre.

5

Vouloir c'est pouvoir

Trop facile, la vie ? Alors nous nous endormons dans la quiétude, sans nous soucier du lendemain. Trop dure ? La lutte pour la survie devient un combat de tous les instants, où l'avenir n'a guère de place. Ce dont nous avons besoin, pour progresser dans la durée et innover en conséquence, c'est de contraintes supportables. Si elle n'en constitue pas une preuve absolue (il n'y en a pas en la matière), l'histoire des peuples le suggère fortement. Pour nos lointains ancêtres vivant sous l'équateur et les tropiques, la vie fut globalement plus facile qu'ailleurs. Ils avaient des hivers doux et des fruits tombant des arbres toute l'année, ce qui ne les a pas obligés à se convertir rapidement à l'agriculture. Ils n'avaient pas de saison rigoureuse, ce qui limitait les besoins en habits chauds, en techniques de chasse (seuls les animaux constituaient une nourriture accessible l'hiver aux moyennes latitudes) et en stocks.

Corrélation ne vaut certes pas preuve, mais ce qu'on a coutume d'appeler aujourd'hui les « grandes civilisations » ont toutes émergé dans des zones dans lesquelles les choses n'étaient pas faciles, sans être non plus extrêmement difficiles : à l'opposé des Polynésiens, les Eskimos ont vécu dans un environnement trop difficile, tout comme les Alakalufs en Patagonie… Les civilisations qui ont produit de « grandes choses » (y compris le réchauffement climatique !), dans les cinq derniers millénaires, ont toutes pris place dans des zones où la vie organisée était possible, sans être si facile que ça. C'est aux moyennes latitudes qu'a eu lieu la révolution industrielle. C'est sur le pourtour du bassin méditerranéen que sont nées les grandes civilisations de l'Antiquité : Athènes, Rome, la Perse, l'Égypte… C'est aux moyennes latitudes, toujours, que se trouvent l'Europe, la Chine, et les pays qui ont fait l'histoire au Moyen Âge et à la Renaissance. Il ne s'agit pas ici de succomber au déterminisme géographique, seulement de remarquer que, quand on se met en ordre de marche pour surmonter une difficulté, on peut en tirer de sérieux bénéfices. Si elle n'est pas insupportable, la contrainte est une source de progrès, voire de dépassement.

Si nous ne voyons pas où est la porte de sortie, l'ensemble des défis que nos sociétés ont à affronter en ce moment conduit facilement à un sentiment d'écrasement et de fatalisme, avec leurs deux enfants naturels : le déni et l'abandon. Le déni se manifeste chez des personnes niant le problème auquel elles ne voient pas de solutions. L'abandon est, lui, souvent le résultat d'un raisonnement du genre : puisque c'est foutu, autant en profiter maintenant et aller boire un coup, ou appuyer sur l'accélérateur une dernière fois.

Le risque de voir apparaître de telles réactions est

régulièrement mis en avant (en particulier lors de nos conférences) pour nous dissuader d'en faire trop sur la gravité des menaces : ne dites pas tout, sinon vous allez provoquer le comportement inverse de celui que vous désirez obtenir ! Nous ne le pensons pas : pour donner un coup de pied sur le fond de la piscine, il faut commencer par couler un peu ; il faut avoir imaginé pour partie ce que serait le monde dans l'hypothèse où il continuerait sa folle route actuelle. Il est donc plus que jamais stratégique de rendre imaginable la catastrophe annoncée afin de l'éviter. Ne pas le faire, c'est imiter Chamberlain, qui ignora délibérément les intentions belliqueuses d'Hitler en pensant éviter les ennuis. La politique de l'autruche est « désarmante » au sens premier du terme, puisque, niant le problème, elle empêche de s'armer pour le résoudre. Comme le dit René Girard : « Vouloir rassurer, c'est toujours contribuer au pire. » La lucidité est donc nécessaire pour faire front. En revanche, pour conjurer les démons du déni et de l'immobilisme, il est utile de se rappeler que l'histoire récente, celle du XXe siècle, est riche en épisodes où l'impossible est devenu possible. Les difficultés subies ou souhaitées ont suscité l'incroyable, au sens étymologique du terme : l'atteinte d'un objectif auquel les gens ne croyaient pas.

Vouloir la Lune, c'est possible

Qui ne se souvient du projet Apollo ? De 1961 à 1975, il envoya douze astronautes sur la Lune, mais surtout il mobilisa 400 000 personnes et une grande part de l'industrie spatiale américaine. Ainsi que 130 milliards de dollars actuels : 7 % du PIB français ! La conquête de la Lune est le résultat du mariage de la science et de la technique, et d'une volonté farouche. La volonté n'aurait bien sûr pas suffi. Il fallait que la science soit suffisamment solide et que la technique mette au point les fusées, les automates et autres ordinateurs, et tous les matériaux et matériels nécessaires. Il fallait aussi de l'organisation. Les qualités des Américains en la matière, déjà spectaculairement démontrées lors de la reconversion de leur industrie pendant la guerre, puis au moment du Débarquement en 1945, ont été un ingrédient indispensable à la réussite du projet. Enfin, ce programme est aussi le fruit d'une bonne dose d'opportunisme, en enrôlant dans cette bataille l'ennemi d'hier : Werner von Braun, le père du programme Apollo, fut aussi… celui des V2 allemands.

Sans cette capacité à coordonner les équipes et les individus par une organisation rigoureuse et un pragmatisme à toute épreuve, il n'y aurait pas eu d'homme sur la Lune. Mais est-il utile de démontrer que cela n'aurait jamais suffi sans l'impulsion du président Kennedy ? Certes, cette impulsion fut donnée dans le cadre de la compétition avec les Soviétiques : il s'agissait de montrer la supériorité américaine en pleine guerre froide. Les débouchés militaires et les innombrables retombées techniques étaient aussi une des finalités de ce programme, qui n'est donc pas juste une conquête désintéressée. Peu importe pour notre propos. L'homme sur la Lune, c'est la transformation par la volonté d'un rêve en réalité, c'est la transformation d'une contrainte en projet de mobilisation collective, dans un cadre démocratique.

Être solidaire et intéressé à la fois, c'est possible

Après la Grande Dépression post-1929, le New Deal permit d'éviter le pire, mais ne conjura pas la crise : en 1939, il y avait encore une dizaine de millions de chômeurs aux États-Unis. Cet épisode eut par ailleurs des aspects positifs sur le plan social (certaines avancées de l'époque sont toujours en vigueur aux États-Unis) et sur le plan de la pensée économique (il fut l'occasion de la mise en place d'une économie mixte). Mais c'est l'économie de guerre qui sortit réellement les USA de la crise de 1929, à tel point que la fin de la guerre se traduisit par une récession, brève mais importante. La production, qui était passée (en indice corrigé de l'inflation) de 41 en 1939 à 100 en 1945, est redescendue à 91 en 1946 puis à 87 en 1947.

Le plan Marshall fut alors conçu pour atteindre quatre objectifs : relancer l'économie par les exportations, aider à court terme à la reconstruction de l'Europe pour en faire à plus long terme un client solvable, et enfin limiter les risques d'influence de l'URSS (et notamment empêcher l'effondrement des gouvernements démocratiques en Italie et en France…). C'est aussi un exemple rare d'opération majeure de solidarité internationale intéressée, et qui offre un parallèle intéressant avec la situation actuelle, où il faut rapidement équiper les pays émergents avec des technologies non polluantes tout en résorbant le chômage chez nous. Le financement de ce plan fut remarquable de simplicité. L'État américain a fait crédit à certains États européens, qui devaient en contrepartie octroyer à leurs agents économiques nationaux des prêts destinés à des investissements d'un montant deux fois supérieur au crédit reçu. Chaque État bénéficiaire devait en outre faire la preuve qu'il autofinançait sa part (sur son budget propre), sans recourir à de la création monétaire. Enfin tous les achats financés par ce système devaient être faits à des entreprises américaines. À l'époque, 13 milliards de dollars (pour un projet initial de 30 milliards) furent donnés ou prêtés à l'Europe sur quatre ans, ce qui correspond à près de 250 milliards de dollars actuels, et environ 1,5 % du PIB par an des États-Unis.

Avec cinquante ans de recul, ce fut une réussite totale, tant pour les États-Unis que pour l'Europe : tous les objectifs furent atteints. Les USA relancèrent leur machine économique (7 % de croissance en 1950). Le PNB de l'Europe progressa d'un tiers entre 1948 et 1951, et la production industrielle en Europe occidentale (à l'exception du Royaume-Uni) s'accrut de plus de 70 %. Les comptes de l'État américain s'y sont aussi très vite retrouvés : la croissance des recettes fiscales découlant de la croissance de la production a plus que compensé le cadeau fait aux Européens. Que l'opération ait été intéressée est une évidence : les Américains ont ainsi relancé leur machine économique, à la fois à court terme par les commandes générées, mais aussi à long terme en accélérant la reconstruction de leur clientèle qui restait ainsi plus que jamais dans leur sphère d'influence politique. Mais la solidarité a réellement été présente : les Américains ont bien fait cadeau d'une partie de leur production aux Européens.

Quand nécessité fait loi

Alors que la crise financière et bancaire des *subprime*, révélée en février 2007 n'en finit pas, mais que jusque-là aucune faillite d'un grand établissement ne s'est encore produite (Countrywide a été racheté pour une bouchée de pain en janvier 2008 par Bank of America, Bear Stearns de la même manière par JP Morgan en mars 2008 ; Northern Rock a été nationalisé en février 2008, ainsi que Freddie Mac et Fannie Mae en urgence pendant l'été...), un gigantesque coup de tonnerre éclate le 15 septembre 2008 dans le monde financier : la Fed décide de laisser tomber Lehman Brothers. Cette décision était-elle destinée à envoyer aux marchés le signal de la fin de la récré ? Était-elle simplement motivée par le coût du plan de sauvetage nécessaire et annoncé le lendemain de l'assureur AIG ? Quoi qu'il en soit, cette décision débouche sur un vent de panique au sein des banques, dont aucune n'est du coup considérée comme à l'abri de la faillite, alors que le consensus tacite a toujours été que la faillite d'une grande banque est un événement trop brutal pour l'économie (par la destruction monétaire massive et le transfert de richesses massif qu'il engendre) pour que l'État laisse faire. Les marchés boursiers dévissent. Le spectre de la crise de 1929, avec ses millions de chômeurs et de miséreux, devient obsédant. C'est dans cette ambiance que Bush et Paulson décident de soumettre au Congrès un plan de sauvetage du système bancaire de 700 milliards de dollars. Si l'on y ajoute les nationalisations des agences de refinancement hypothécaire Freddie Mac et Fannie Mae (qui garantissent plus de la moitié des crédits immobiliers aux États-Unis), de l'assureur AIG, le soutien aux fonds monétaires et les garanties de la Fed au rachat de Bear Stearns, le plan de sauvetage du système financier américain approche alors les 1 200 milliards de dollars, soit 8 % du PIB.

Les autres pays développés s'y mettent aussi. L'enveloppe globale mise à la disposition des banques par les principaux États membres de l'Union européenne s'élève à plus de 1 700 milliards d'euros, soit 14 % du PIB européen. Le total annoncé pour l'ensemble UE + USA est donc de près de 3 000 milliards de dollars. Il est très difficile le jour où nous écrivons de savoir ce qui sera effectivement mobilisé, et sous quelle forme, sans compter que le nouveau président des États-Unis, Barack Obama, ajoutera probablement son grain de sel. Peu importe pour notre propos : l'ampleur historique de ces plans ne fait aucun doute. De même que ne fait aucun doute la révolution copernicienne dont ils procèdent par rapport à trois décennies de libéralisation toujours accrue du système financier. Concrètement, les États vont agir par plusieurs voies : la nationalisation ou la prise de participation au capital des banques et institutions financières, l'apport de garanties aux opérations interbancaires, l'augmentation de la garantie des dépôts des ménages dans les banques, le rachat par la Banque centrale de prêts immobiliers en contrepartie de bons du Trésor, l'incitation forte donnée aux banques d'ouvrir le robinet du crédit qu'elles ferment naturellement en période de récession, le rachat par le Trésor des « actifs toxiques ». Ces actions, qui conduisent *toutes* à fausser la « concurrence libre et sans entraves », étaient inimaginables il y a un an à peine ! Elles n'ont d'ailleurs été envisagées et mises en œuvre que très (trop ?) tardivement, précisément parce qu'elles supposaient d'abandonner une vache sacrée – celle que les acteurs privés s'organisent tout seuls sous l'effet du marché pour atteindre l'optimum.

Si ces plans ont été rendus possibles, c'est que tous les indicateurs étaient au rouge vif. La crise de 1929 étant passée par là, plus personne ne pouvait ignorer les conséquences économiques douloureuses des dépôts de bilan en série dans le secteur bancaire (force 4 sur l'échelle de Richter des troubles sociaux économiques, qui comporte sept niveaux), avec l'extension aux entreprises qui tombent à leur tour, le taux de chômage qui bondit et la crise qui s'entretient et s'amplifie d'elle-même. En septembre 2008, les États ont subitement pris conscience de l'ampleur de la crise et ont agi sous la pression. Sachant ce qu'ils voulaient, car ils ne pouvaient pas ne pas le vouloir, ils n'ont eu qu'à – et ils ont pu – se libérer de quelques croyances pour passer rapidement à l'action. Incidemment, certaines des mesures de politique monétaire mises en œuvre parce que le vent du boulet a été clairement perçu sont du pain bénit pour notre discours, on y reviendra au chapitre 7.

La bombe pour une poignée de dollars

Même si cela est a priori moins sympathique, l'urgence fonctionne aussi quand il s'agit de terroriser son voisin. Le projet Manhattan, mené pendant la Seconde Guerre mondiale, permit aux États-Unis, assistés par le Royaume-Uni, le Canada et des chercheurs européens, de réaliser la première bombe A de l'Histoire en 1945. Cela débute le 2 août 1939, quand Albert Einstein envoie une lettre au président Roosevelt en lui expliquant l'intérêt du phénomène de fission de l'uranium récemment découvert en Allemagne, et son application possible à la fabrication d'une bombe atomique. Roosevelt crée alors le Comité consultatif pour l'uranium, et lui attribue une première subvention de… 6 000 dollars. Sous la direction du physicien Robert Oppenheimer et du général Leslie Groves, le projet Manhattan fut vraiment lancé en 1942 dans le plus grand secret. Des installations industrielles considérables pour l'époque furent bâties sur plusieurs sites, et conduisirent à la conception et à la production de trois bombes atomiques. La première fut testée le 16 juillet 1945 près d'Alamogordo, au Nouveau-Mexique.

Les deux suivantes, l'une à l'uranium et l'autre au plutonium, furent larguées respectivement sur les villes japonaises d'Hiroshima le 6 août 1945 et de Nagasaki le

9 août. Incidemment, il est largement permis de s'interroger sur la pertinence militaire de la seconde explosion (Nagasaki). Pourquoi avoir effectivement largué cette bombe plutôt que d'avoir simplement menacé de le faire après la première ? Ne peut-on imaginer que, « puisqu'elle était faite », l'envie morbide de vérifier qu'elle fonctionnait aussi a pris le pas sur toute autre considération rationnelle ? Même si ses motivations peuvent, avec le recul du temps, sembler tout à fait discutables, le projet Manhattan avait ainsi atteint son objectif dans un temps record de moins de trois ans. En 1945, le projet employait plus de 130 000 personnes. Il coûta près de 2 milliards de dollars au total, soit environ 30 milliards de dollars actuels. La paix revenue, il faudra attendre une dizaine d'années environ (1954) pour que l'énergie nucléaire soit mise au service de la production électrique, alors que la pile de Fermi (1942) avait déjà validé le concept. Lorsque l'urgence a commandé, les délais se sont clairement raccourcis... Ironie de l'Histoire, l'Allemagne nazie n'était pas du tout aussi avancée dans sa recherche que ce que croyait Einstein, qui regrettera amèrement sa lettre à Roosevelt et le fera souvent savoir.

Les leçons d'une période maudite de l'histoire

Hitler est, et restera pour longtemps encore, l'incarnation du génie du mal. Les faits d'armes qui lui sont clairement associés sont d'avoir mis l'Europe à feu et à sang, d'avoir industriellement exécuté des civils sur la seule base de leur naissance, et d'avoir mené les Allemands à leur propre ruine. Pourtant, et nous espérons que le lecteur nous fera grâce de ne pas y voir une réhabilitation d'un personnage ignoble ou une ode à la dictature sanguinaire, cet individu a aussi réalisé des choses surprenantes en matière économique de 1932 à 1936. En effet, sur cette période, Hitler est parvenu à remettre la totalité ou presque des Allemands au travail, en faisant peu appel à la technique, beaucoup plus à sa volonté, et surtout à une politique de financement qui a délibérément, mais avec succès, fait table rase des conventions admises jusque-là. Cette période (1933-1936) n'est pas encore une période d'économie de guerre, mais dès 1936 le plein-emploi est réalisé. Comment un pays dévasté par une guerre sanguinaire (1914-1918), le paiement de réparations de guerre insupportables, les crises de Weimar (1923) et de 1929, sans crédit international et donc sans capacité d'emprunt à l'étranger, victime d'un chômage de masse, a-t-il pu trouver l'argent pour faire des autoroutes, des logements et construire des usines, sans la moindre inflation ? Peut-on oser tirer des enseignements de cette période maudite ? Bien sûr que oui : par-delà la nausée qu'inspire le personnage, sur le strict plan de la politique économique, 1933 à 1936 est ce qu'il faut bien appeler une réussite éclatante.

Du reste, si ce régime a pu, en période de crise profonde, se donner les moyens d'une puissance et d'une violence inouïes, cela doit sérieusement nous alerter, car la situation vers laquelle nous nous dirigeons tout droit risque fort de reproduire le même contexte de départ :

dépression économique par manque de ressources, tensions nationalistes ou religieuses parfois, bref tous les ingrédients de la « mauvaise limonade » se rassemblent peu à peu. Si analyser lucidement cette période précoce du nazisme permet d'en tirer d'éventuelles leçons pour nous sauver, avant que la folie destructrice d'un autre dictateur ne se charge de nous remettre au travail, alors analysons.

Repartons du début : la crise allemande commence en 1923, avec une inflation galopante, qui conduit à la création d'une nouvelle monnaie, le Reichsmark, en 1924. Cela n'empêcha nullement les agents économiques de recommencer à s'endetter, car ils se souvenaient de la facilité avec laquelle ils avaient remboursé leurs emprunts dans le passé, précisément grâce à l'inflation massive. L'agriculture allemande ne fit pas exception au mouvement et investit lourdement – en s'endettant tout autant – pour devenir compétitive. Mais les cours mondiaux continuant à s'effondrer, à partir de 1929, la valeur des terrains et des matériels avait tellement baissé que les dettes en venaient souvent à dépasser la valeur des domaines (ça ne rappelle pas une crise récente ?). Les paysans se trouvèrent incapables de rembourser les prêts, voire souvent les intérêts. Malgré une armée d'huissiers, les organismes prêteurs furent incapables de recouvrer leurs créances, les paysans organisant une résistance collective efficace. Dans le même temps, l'industrie allemande, manquant de débouchés, s'affaiblit de plus en plus avec la chute des marchés étrangers après 1929. Le système financier se fragilisa aussi, du fait des créances douteuses des agriculteurs, mais aussi de sa dépendance aux capitaux étrangers.

Le faible taux d'épargne allemand, en effet, a attiré les capitaux étrangers, venus en grande quantité, notamment des États-Unis, et souvent placés à court terme (donc mobiles en cas de problème). Qui plus est, une bonne partie de ces capitaux étrangers servent à financer les réparations de guerre du traité de Versailles, réparations que l'Allemagne était bien incapable de financer par l'excédent de sa balance commerciale. Lorsque les prêteurs, à la fin de 1929, en prennent conscience, puis que le climat politique s'alourdit avec le succès électoral des partis extrémistes, les capitaux étrangers se font moins abondants, puis refluent. À partir de l'automne 1930, les retraits grossissent. La Reichsbank, qui n'a guère de ressources en devises, ne peut suivre. En 1931, une des plus grosses banques privées ne peut plus faire face aux demandes de remboursement et se déclare en cessation de paiement. Cette chute entraîne la faillite de plusieurs parmi les plus grandes banques, puis d'une multitude d'établissements plus petits, banques ordinaires, caisses d'épargne, banques hypothécaires, établissements de crédit… Lorsque le système financier s'écroulera, coupant l'accès au crédit des quelques clients qui lui restaient, l'industrie sera atteinte rapidement et les faillites spectaculaires s'enchaîneront.

Devant cette situation, l'État instaure le contrôle des changes, puis nationalise les deux tiers du système bancaire. Mais la crise de liquidité ne se dénoue pas pour autant, car les débiteurs ne peuvent pas payer leurs dettes.

Les crédits sont « gelés » ; c'est ce qu'on appelle aujourd'hui le *credit crunch*. L'État tente de devenir producteur, en prenant de plus en plus en charge, directement ou indirectement, les exploitations agricoles et les firmes sinistrées. Mais il ne peut que limiter les dégâts car la crise mondiale est profonde. Et il n'a pas de raison de pouvoir faire beaucoup mieux que les acteurs privés...

La situation de l'économie allemande en janvier 1933 est donc dramatique. L'agriculture est surendettée et étranglée par la baisse des cours mondiaux. Le PIB s'est réduit en gros de moitié par rapport à sa valeur de 1928 et il y a plus de 6 millions de chômeurs (à titre de comparaison, la France ne compte à cette époque que 350 000 chômeurs). C'est dans ce contexte qu'Hitler, arrivant au pouvoir, promet : « En quatre ans, le paysan allemand sera arraché à la misère, en quatre ans le chômage devra être complètement surmonté. »

Pour combattre le chômage, le gouvernement national-socialiste lance un énorme programme de grands travaux. Plus de 5 000 kilomètres d'autoroutes sont mis en chantier entre 1933 et 1939, des canaux sont creusés, les chemins de fer modernisés, des logements construits ou réparés. À des dépenses de grands travaux de 15 milliards de marks sur la période, il faut ajouter les dépenses d'armement d'environ 29 milliards de marks, ce qui aboutit à quelque 44 milliards sur la période 1933-1936. Comme ce programme a remplacé pour partie des dépenses budgétaires ordinaires, on peut estimer que le supplément de dépenses n'a été que de 27 milliards de marks sur la période, soit un peu plus de la moitié du

PIB. Pour la France d'aujourd'hui cela représenterait en ordre de grandeur l'équivalent de 250 milliards d'euros par an, soit... rien de moins que le budget de l'État. Ce sont donc bien les commandes de l'État qui ont permis tout d'abord d'amorcer la pompe, puis d'assurer l'essentiel de la relance. De 1932 à 1936, ce programme a remis au travail les 6 millions de chômeurs, et accru le revenu national de 45 à 65 milliards de marks. Le financement d'un tel programme sans inflation monétaire est une énigme. « D'où vient tout cet argent ? » est la question à laquelle répond le patron de l'Insee allemand de l'époque, Ernst Wagemann [1].

Le gouvernement nazi ne pouvait se limiter, au vu de la situation désastreuse de l'Allemagne, aux voies classiques : l'impôt aurait été perçu sur quoi ? Il n'y avait plus de flux à la hauteur... ; aucun emprunt international ou national – par émission de bons du Trésor par exemple – n'était concevable, faute de prêteurs. En 1933, il eut recours à une nouvelle variété de coquillages, les *traites de travail*. Lorsque l'État faisait un achat de matériel ou passait un marché, au lieu de payer avec de la monnaie normale (virement, chèque ou cash), il payait avec une traite spéciale à trois mois [2]. Le fournisseur pouvait échanger ce papier en banque contre des marks, ou pouvait l'utiliser comme moyen de paiement, ou encore le négocier en Bourse. Les banques ayant escompté ou reçu les traites

1. Ernst Wagemann, *D'où vient tout cet argent ?*, Paris, Plon, 1941.
2. Une traite est presque l'équivalent d'un chèque, sauf que l'on ne peut l'encaisser qu'au bout d'un certain délai.

en remboursement de dettes pouvaient les réescompter à la Reichsbank (les échanger contre de la monnaie, au cas où elles en avaient besoin). Il s'agissait donc de monnaie, sauf que l'État avait décidé que ces traites spéciales n'apparaîtraient pas dans ses statistiques sur les composantes de sa dette. Elles furent agrégées avec l'ensemble des autres traites commerciales figurant dans les portefeuilles des entreprises et des banques, et n'alourdirent donc pas l'endettement public. Tour de passe-passe ? Peut-être, mais ce tour a rétabli la confiance, et du coup correspondu à une réalité : les dépenses en question, au lieu d'aggraver la situation publique, lui ont permis de se rétablir. De fait, l'Allemagne a bien été renforcée et la situation financière de l'État s'est, elle aussi, améliorée.

Bien sûr, si l'ensemble des traites spéciales avait été réescompté dans les banques secondaires ou à la Banque centrale, cela aurait pour le coup conduit à faire tourner la vraie planche à billets pour créer autant de marks correspondants. Cela aurait fait trop de coquillages, et un risque de perte de confiance dans le mark. Or ce n'est pas ce qui s'est passé. Le gouvernement a réussi à limiter le rythme de croissance de la masse monétaire pour suivre à peu près le rythme de croissance du revenu national, le ratio masse monétaire / PIB est resté à peu près constant, en baissant même légèrement. La question n'est donc plus « D'où vient tout cet argent ? », mais : « Où va donc tout cet argent ? » Comment se fait-il que la masse de traites spéciales ne se retrouve pas rapidement dans les banques pour générer ainsi un montant équivalent de monnaie ?

Une série de mesures de contrôle des prix et des

revenus ont été prises pour qu'à aucun moment l'inflation ne dérape. La Reichsbank a en outre su, grâce à des emprunts d'État spécifiques, éponger les liquidités excédentaires des banques. Au moment où la confiance est revenue, les banques et les entreprises ont trouvé très commode de conserver les traites comme placement très liquide (puisque escomptables sans délai) et suffisamment rémunéré. Mais l'essentiel n'est pas là. Dans cette période, la remise au travail et la relance de l'activité économique ont irrigué toute l'économie réelle, permettant à la sphère privée de se désendetter. Les sommes dépensées par l'État ont servi en grande partie au remboursement des dettes privées, de sorte qu'à l'actif des banques les créances sur des débiteurs privés souvent insolvables ont été remplacées par des créances sur l'État. Et ces créances n'ont été escomptées pour générer de la monnaie qu'au fur et à mesure des besoins de l'économie productive. Finalement, l'absence d'inflation fut essentiellement due au fait que les moyens de paiement n'ont été utilisés que pour financer de vrais projets : les traites de travail correspondaient en permanence à de la vraie création de biens, pas au financement de la hausse de prix d'un actif existant, ce qui est par exemple le cas d'un emprunt immobilier en situation haussière du marché.

Moi, ce n'est pas l'État

Aucun des précédents que nous venons d'examiner, et nous aurions pu en aligner beaucoup d'autres, n'aurait pu exister sans une forte intervention publique. Pourtant, dans aucun de ces précédents, l'État n'avait pour but premier de s'opposer par principe aux entreprises et à leurs initiatives, bien au contraire. Dans tous les cas, l'impulsion et la direction données ont bénéficié à l'emploi, et aux employeurs. En revanche, l'État n'a attendu personne pour fixer une direction. Les acteurs privés qui s'inscrivaient dans cette direction en ont profité, et ceux qui avaient des activités incompatibles avec la direction prise ont rapidement périclité. Pour notre petite affaire de climat et d'énergie, le calendrier étant fortement contraint, il n'est pas question d'attendre que les acteurs privés se réveillent d'eux-mêmes, puisque l'État leur emboîte le pas. L'acteur privé n'est pas payé pour mettre l'intérêt général avant son propre intérêt ! Croire que l'industrie automobile peut, sans contrainte publique, s'accorder rapidement sur un plan de réduction volontaire des émissions de CO_2 de ses voitures, c'est croire au père Noël. Les divergences d'intérêts entre les constructeurs, la pression des consommateurs qui veulent des voitures plus confortables, plus puissantes, plus sûres, et la mauvaise appréciation des échéances ne peuvent conduire qu'à des accords minimalistes en matière d'émissions de CO_2, puisqu'elles n'ont à ce jour aucun coût pour ses acteurs. En revanche, si nous soumettons ces acteurs à une contrainte claire, stable, et crédible, cette même industrie pourra faire des miracles !

Croire à la main invisible du marché, quand il est question de limiter des émissions de CO_2 qui n'ont pas de prix (puisque l'argent n'achète que des hommes) et dont l'effet se fait sentir des décennies ou des siècles plus tard, c'est aussi croire au père Noël. Adam Smith (le père de la main invisible) y a peut-être cru à la suite d'une révélation – probablement nocturne – dont il a sans doute pensé qu'elle lui était réservée. Quelques siècles après, et en contemplant un cimetière jonché de cadavres de bulles spéculatives et d'échecs retentissants (nous venons d'en subir un beau !) parce que l'État a trop attendu, c'est un peu plus difficile à accepter.

Nous pouvons tous constater qu'aucun grand programme n'a fonctionné correctement sans qu'à un moment ou à un autre la puissance publique s'en soit mêlée de très près, alors que la vulgate économique néolibérale actuelle exprime plutôt l'inverse. Vous voulez nous refaire le coup du plan Calcul ? Rappelez-vous : lancé en 1966 par de Gaulle qui voulait maintenir une industrie nationale informatique et subvenir aux besoins de la Défense nationale afin que celle-ci soit totalement indépendante, il est arrêté en 1975 par Giscard. Cet échec indiscutable ne remet pas en cause notre propos : l'Europe a réussi en matière spatiale et aéronautique grâce à une forte impulsion publique. Si elle n'avait rien tenté en matière informatique, elle ne serait de toutes les façons arrivée à rien !

La raison est toujours la même : l'argent n'achète que des hommes. Si l'on veut que les hommes passent un temps significatif à travailler sur la résolution d'un problème collectif, il n'y a que deux manières de procéder. Soit on les paie, soit on les y oblige, et, dans un cas comme dans l'autre, c'est la puissance publique qui a les manettes en main. Quand c'est l'État qui paie, il doit lever des impôts, mais, quand il oblige, cela alimente d'autres flux que les prélèvements obligatoires. Dans ce second cas de figure, on trouve par exemple l'obligation de s'assurer contre l'incendie, les accidents de voiture et encore plein de choses, ce qui garantit la fortune des assureurs, ou bien l'obligation pour les sociétés de faire certifier leurs comptes (ce qui assure le chiffre d'affaires des commissaires aux comptes), et encore l'obligation pour les propriétaires vendeurs d'émettre un diagnostic de performance énergétique… L'idée que la puissance publique n'a pas de rôle à jouer dans la solution au problème est donc une idée fausse. Il ne faut pas en déduire que, chaque fois que la puissance publique fait quelque chose, c'est nécessairement de manière correcte. Mais, à bien y regarder, l'État n'est généralement pas un acteur plus inefficace qu'un autre : les entreprises aussi font des erreurs. Cela ne veut pas dire non plus qu'orienter et impulser une politique, c'est tout faire ensuite : en démocratie, les « grands programmes » s'en sont toujours remis aux entreprises privées et permis leur développement.

Demain j'aurai mieux

Quand nous n'avons pas envie de nous attaquer à un problème, un des arguments est de penser que la technique va nous sauver, ou plus exactement que la technique qui viendra demain, mais n'est pas encore disponible aujourd'hui, va faire le travail en un battement de cils pendant que nous regardons la télé. Nous continuons à faire dépendre notre action d'hypothétiques progrès techniques futurs, alors que le problème est juste l'envie de s'y mettre. Il arrive même que plus de technique complique l'affaire au lieu de la rendre plus facile ; un très bel exemple est fourni par le programme spatial soviétique. Sans avoir cherché à raffiner sans cesse leurs systèmes informatiques, les Russes continuent à envoyer leurs satellites où ils veulent et quand ils veulent. De leur côté, les Américains, avec leur technologie hypersophistiquée, rencontrent souvent des difficultés… hypersophistiquées.

C'est pourquoi il est important de se rappeler deux choses essentielles. D'abord, nous n'avons besoin d'aucune connaissance supplémentaire sur le problème pour nous mettre en « économie de guerre ». Nous savons tout ce qu'il faut savoir, le problème est que nous nous inventons mille raisons de ne pas y croire. Ensuite, les solutions à mettre en œuvre pour résoudre la crise climatique et énergétique ne dépendent d'aucun préalable technique. Il n'y a pas de rupture technologique à franchir avant de se retrousser les manches. On sait isoler une maison, l'essentiel est une question d'organisation et de mécanismes économiques et financiers. On sait modifier les villes pour rendre notre urbanisme moins énergivore, il faut juste s'y mettre et y passer vingt à trente ans. On sait se réunir en visioconférence plutôt que brûler du kérosène. On sait faire des bicyclettes et des cultures maraîchères de proximité. On sait faire des voitures basse consommation, il suffit qu'elles soient légères et peu puissantes ! On saura améliorer l'efficacité de toutes les machines industrielles du monde, et nos ingénieurs seront ravis de s'y atteler pourvu que le mandat soit clair. On sait faire du captage et du stockage de CO_2 dans les centrales à charbon et autres usines fortement émissives... On sait faire de la reforestation, des bateaux moins puissants qui laissent vivre les poissons, des centrales nucléaires non proliférantes et quasiment sans déchets, et plus encore ; tout n'est qu'une question de volonté et d'affectation des priorités. Ce que l'on ne sait pas faire, c'est tout à la fois et sans renoncer à rien, c'est agir sans que personne ne paie, et c'est cela que nous n'arrivons pas à admettre dans nos cervelles d'enfants gâtés.

Dire qu'il faut attendre et avoir confiance, dire qu'on va trouver la bonne technologie, ou une technologie encore plus efficace, n'est qu'une des multiples manières, complètement fausses, de justifier notre inaction délétère. Les calculs de coin de table de Nicholas Stern (cf. chapitre 1) conduisent à la conclusion exactement inverse : inutile de parier sur des solutions futures, l'inaction d'aujourd'hui sera beaucoup plus coûteuse que l'action lancée maintenant avec les moyens du bord, qui sont déjà les plus considérables que nous ayons eus dans l'histoire.

Quand des décideurs motivés ont eu vraiment envie de faire quelque chose, ils n'ont pas attendu d'avoir la technologie futuriste pour se lancer. Ils l'ont fait. Et c'était même le défi qu'ils s'étaient donné, celui de ne pas se dire qu'ils passeraient à l'action quand la technologie serait là. Le projet Apollo illustre parfaitement ce propos : la physique existait, mais pas encore la technologie. On savait que l'on pouvait aller sur la Lune, et le reste a suivi.

L'effort de guerre américain (pendant la Seconde Guerre mondiale) est un autre exemple d'une mobilisation sans pareil qui s'est faite, par la force des choses, avec la technologie disponible. Cette période a vu l'avènement de nombre d'innovations techniques, mais c'est le stress de l'événement qui a accéléré la finalisation de développements qui existaient déjà en germe. Les inventeurs du radar n'ont pas découvert l'électromagnétisme au moment de la guerre ! Après Pearl Harbor, les Américains ont mobilisé toute l'industrie à une vitesse hallucinante, et de très nombreuses actions qui étaient considérées comme impossibles sont devenues possibles par le seul jeu de la volonté. Les ouvriers étaient au chômage ou savaient monter des voitures, on les a mis au travail et on leur a appris à monter des camions, des chars (50 000 Sherman produits pendant la guerre), des cargos (3 500), des pétroliers rapides (près de 1 000), ou des avions (300 000). Ajoutons les wagons, les jeeps, les motos, les pièces d'artillerie, les mitrailleuses, les explosifs, les millions de paires de bottes, et tous les équipements et produits chimiques, denrées alimentaires et autres babioles nécessaires par temps de guerre.

En quelques mois, on a non seulement remanié profondément le travail de millions de personnes dans l'industrie, mais on a aussi bouleversé les habitudes de consommation des Américains. La fabrication de voitures particulières a été arrêtée en 1942 pour affecter la force de travail à la production du matériel de guerre. Aujourd'hui, un élu qui proposerait d'arrêter de faire des voitures pour utiliser temporairement la force de travail à quelque chose d'aussi futile que le sauvetage de notre environnement serait probablement pris pour un fou furieux ! En outre, cette réorientation à marche forcée s'est faite dans un contexte démocratique : il y eut des élections présidentielles fin 1944… Alors dépêchons-nous de nous mettre au travail autour d'un projet de sauvetage de l'avenir, au lieu d'attendre qu'un malade arrive qui proposera lui aussi de remettre les gens au travail, dans le cadre d'un projet de destruction, comme l'Histoire en a enfanté tellement…

T'as pas de coquillages ? Aucun problème !

Nos Pascuans le savent bien : les coquillages ne se mangent pas et ne peuvent manquer ni surabonder si l'on s'y prend bien. Au contraire, les arbres et les poissons peuvent manquer cruellement. L'Allemagne nazie et le plan Marshall ont montré qu'un peu d'inventivité sur les coquillages permet de faire des horreurs ou des miracles. Le cas de l'économie de guerre américaine est encore plus spectaculaire. Le budget de la Défense américaine est passé en cinq ans de 1 % à plus du tiers du produit national brut du pays. La valeur des armements réalisés pendant la guerre a dépassé les 5 000 milliards de dollars actuels (environ 350 milliards de l'époque), soit près de 10 % du PIB mondial actuel. Les États-Unis sont devenus la première puissance économique de la planète à la suite de la guerre (en ayant, grâce au plan Marshall, évité le baby-blues, c'est-à-dire une grosse dépression qui aurait suivi l'accouchement de cette puissance). Environ 15 % de ce programme (50 milliards de l'époque) a servi aux Alliés, principalement à l'armée anglaise et à l'Armée rouge. Comme les Anglais et les Russes ne pouvaient payer cash, il a fallu créer un dispositif spécifique pour pouvoir leur vendre à crédit. Ce fut la loi Lend-Lease, signée le 11 mars 1941, qui autorisa Roosevelt à « vendre, céder, échanger, louer, ou doter par d'autres moyens » tout matériel de défense à tout gouvernement « dont le président estime la défense vitale à la défense des États-Unis ». Cette loi l'autorisa à expédier du matériel de guerre à ses alliés sans autre contrepartie que la promesse d'être peut-être payé. À la fin de la guerre, plus des deux tiers de la dette furent remis et le remboursement du solde étalé sur des décennies à taux bas (et impayé pour partie, notamment par l'Union soviétique). Au final, les USA ont donc donné une bonne partie de leur production à leurs alliés. Pour le reste, ils n'ont sans doute pas fait payer aux Allemands et aux Japonais les bombes qu'ils leur ont envoyées sur la figure ! Le vrai prélèvement qu'a exercé la guerre sur l'économie ne se calcula donc pas en dollars, mais en morts et en blessés, en consommation de ressources naturelles et d'énergie, en destruction d'infrastructures, d'usines et de bâtiments, et en destruction de l'environnement dans les endroits bombardés. Bref, la vraie facture, ce fut des Pascuans, du bois et des poissons.

Le cas allemand sur la période 1933-1936 est intéressant sur un autre sujet : la maîtrise de l'inflation en période de création monétaire et de déficit public croissant (même s'il n'a pas été comptabilisé comme tel). Alors que l'État allemand avait tous les pouvoirs, il ne s'est pas laissé aller à la facilité de la planche à billets, ce qu'avaient fait les révolutionnaires français avec les assignats. Il a montré qu'il était possible de contredire la théorie monétariste qui inhibe l'action en Europe depuis des décennies, cette théorie exposant qu'augmenter les moyens de paiement, c'est forcément augmenter l'inflation, quel que soit le contexte. Avant de plonger dans l'économie de guerre, l'Allemagne nazie a montré qu'il était possible de créer de nouveaux moyens de paiement tout en maîtrisant la circulation monétaire, le secret consistant à conserver un équilibre entre la circulation des biens et la circulation monétaire. Si nous réformons la comptabilité publique pour modifier le PIB et y intégrer la valorisation ou la consommation des actifs naturels et humains, qui dit que nous ne pouvons pas faire la même chose aujourd'hui ?

Pourquoi demain et pas tout de suite ?

Dans plusieurs de ces exemples, un déclencheur fort a catalysé le passage à l'acte. C'est ainsi le choc pétrolier qui a conduit Pierre Messmer à lancer, en mars 1974, un vaste programme électronucléaire, pendant que le président (Giscard) se lançait dans la chasse au gaspi, ce dont nous nous sommes tant moqués alors que c'était un acte prémonitoire auquel nous aurions été bien inspirés de donner une suite un peu plus sérieuse au moment du contre-choc. Les choses sont alors allées très vite : rien qu'en 1974 et 1975, 13 centrales nucléaires ont été mises en chantier par EDF, qui a jeté toutes ses forces dans la bataille.

Mais, dans la majorité des cas, la « petite crise », disons de force 2 ou 3 sur notre échelle de Richter, et qui sert de déclencheur pour éviter celle de magnitude 5 ou 6, ne se produit pas. Le pire alors est à craindre, c'est-à-dire l'inaction et l'impréparation qui nous amènent à une crise de force 5 ou plus. Il n'y a pourtant pas de raisons particulières de penser qu'il sera plus facile de se décider à passer à l'action demain plutôt qu'aujourd'hui. Si vous décidez d'arrêter de fumer, y a-t-il une raison de le faire aujourd'hui plutôt qu'hier ou demain ? Vous le décidez, c'est tout. Les mesures prises dans le cadre de la lutte contre le tabac créent progressivement un contexte qui facilite la prise de décision : vous êtes de mieux en mieux et de plus en plus régulièrement informé, on vous fait payer la cigarette ou le tabac de plus en plus cher, on vous empêche de fumer dans les lieux publics, on vous culpabilise. On vous prive du plaisir du café-cigarette sur le zinc au petit matin. N'empêche que rien de tout cela n'explique qu'un jour et pas un autre vous décidez d'arrêter.

Aujourd'hui, l'humanité est exactement dans cette situation, où les informations et les contraintes montent graduellement en puissance, mais sans provoquer l'électrochoc salutaire. Nous sommes dans une espèce de somnolence, sans un élément factuel précis qui fait que l'on va franchir un seuil et se jeter à corps perdu dans l'action, alors que la veille on n'y pensait pas ou presque. La crise financière a failli donner cette opportunité de tout repenser pour éviter l'effondrement sur crise de ressources (le climat stable étant une ressource), inéluctable si nous ne faisons rien ; mais, sans changer de paradigme, tout ce que nous avons imaginé pour sortir de la crise (remettre en route la machine à créer de la monnaie dans les banques) ne servira qu'à mieux préparer la prochaine.

Tout le monde semble attendre la petite particule qui fera tout cristalliser et sans laquelle rien n'est possible. Il faut se dire au contraire qu'il n'y a strictement rien à attendre de plus, que les signaux sont tous au rouge pour peu qu'on veuille bien les regarder, et qu'il est urgent d'y aller sans plus attendre. Que nous manque-t-il ? Juste un citoyen consentant, parce que conscient des risques, et l'offre politique qui va avec. Faire prendre conscience des risques au citoyen, en lui expliquant comment se présente la situation, c'est le rôle des médias et de l'éducation. Bâtir une offre politique à la hauteur du problème, personne ne le fera à la place de ceux qui briguent nos voix. Et pour le moment, on se demande bien ce qu'ils fichent.

6

Droite et gauche, même constat !

0,5 % de réussite à l'examen

Pauvres de nous : nos élus sont désespérants. S'ils ne sont pas démagogues, ils sont ignares, et s'ils ne sont pas corrompus, ils sont champions de la langue de bois. Ce sont toutes et tous des incapables ; les grands problèmes de ce monde leur glissent dessus comme de l'eau sur les plumes d'un canard. Ce qu'il nous faut, moi j'vous le dis, c'est un nouveau de Gaulle, bref un gentil dictateur qui va enfin s'occuper sérieusement de nos problèmes avec de la hauteur de vue, en cessant de faire de la politique à la petite semaine en disant oui à tout le monde et tout le temps. De Gaulle, un dictateur ? En 1958 sûrement pas, mais en 1940 il fut à la fois putschiste et dictateur. Putschiste en se proclamant unilatéralement chef et en finissant par chasser par les armes le chef de l'État légitime au regard des institutions (Pétain), et dictateur puisque de 1940 à 1944 il fut un chef absolu, sans aucun contre-pouvoir élu. Putschiste que nous avons placé – à juste titre – au panthéon de la mémoire collective, dictateur qui avait probablement une plus haute idée de l'action publique que nombre d'élus « légaux » d'aujourd'hui, putschiste qui mettait un point d'honneur à toujours montrer l'exemple quand il demandait des efforts à la population au lieu d'utiliser sa position pour s'en affranchir (on se rappelle qu'il payait lui-même ses repas personnels à l'Élysée), mais putschiste quand même. Dans le même temps, les députés légitimes se couchaient devant l'occupant tout en restant dans la loi, ce que l'Histoire d'aujourd'hui leur reproche amèrement.

Faut-il en déduire que la démocratie n'est pas compatible avec la solution aux problèmes que nous souhaitons résoudre ? Une chose est sûre : si nous attendons une crise majeure, la réponse à cette crise a toutes les chances de se passer de la démocratie. Au risque d'être un peu lourds, redisons-le : la crise écologique majeure se traduira notamment par une crise économique massive, que nos indicateurs économiques actuels sont incapables d'anticiper puisqu'ils sont construits pour s'améliorer quand nous coupons tous les arbres afin d'avoir plus de coquillages à bref délai. La récession qui sera inexorablement associée à cette crise systémique prendra à revers les incessantes promesses matérielles que nos gouvernants élus, le plus souvent ignares sur les limites du monde, font et refont sans se rendre compte que ce sont des chimères, n'hésitant pas à traiter d'obscurantistes les scientifiques et ingénieurs qui les alertent !

La crise a donc toutes les chances de faire sauter la démocratie. Faut-il aussi en déduire qu'il est impossible de gérer en démocratie une réorientation rapide et massive de la société, en incluant des contraintes fortes qui sont souvent l'apanage des temps de crise ? Là, c'est – heureusement – moins sûr. Certains pays ont traversé des époques extrêmement troublées, pendant lesquelles le pouvoir en place a demandé des efforts majeurs à la population, en restant des démocraties. La Grande-Bretagne pendant la Seconde Guerre mondiale en fournit un premier exemple. Nos voisins d'outre-Manche ont enduré les bombardements, la restriction, la guerre aérienne, la faim, les morts, et autres petites plaisanteries en restant une démocratie. Les États-Unis, qui ont traversé deux périodes très dures au XXe siècle (la crise de 29, et la Seconde Guerre mondiale) sans recourir à la moindre dictature, sont un deuxième exemple. Enfin, la France des années 1950 a traversé plusieurs conflits liés à la décolonisation (guerres d'Indochine et d'Algérie) sans que cela ait eu raison de la démocratie en Métropole (mais nous ne sommes probablement pas passés loin d'un épisode totalitaire). Par contre, dans deux de ces trois exemples, celui qui a conduit l'effort est certes resté dans nos mémoires, mais pas aux affaires. Les électeurs anglais ont ainsi remercié Churchill à leur manière juste après la guerre, en le renvoyant à ses chères études. De Gaulle a subi le même sort juste après la Libération, malgré son rôle dans le conflit et les avancées sociales majeures qu'il avait mises en place dès 1945 (dont la création de la Sécurité sociale). Quelle ingratitude !

Dictateur, pas forcément

Il faut donc garder espoir en ce qui concerne la possibilité de sortir du guêpier dans lequel nous nous fourrons un peu plus chaque jour sans nécessairement hériter d'un Staline ou d'un Hitler. En revanche, l'homme providentiel qui arrivera aux commandes par les urnes devra ne pas exiger de parachute doré, c'est-à-dire la certitude de se faire réélire une fois le problème réglé ! Dans les trois exemples que nous avons choisis, le danger ne demandait pas un effort intellectuel important pour être identifié et accepté par les électeurs : le pays était en guerre, avec un risque évident. En ce qui nous concerne, la chanson est tout autre. Le danger reste virtuel et sans échéance précise pour l'essentiel de la population, même si une forme d'angoisse sourde résulte nécessairement de la répétition du message médiatique sur la question. Arriver à donner à la population dans son ensemble une perception suffisamment aiguë du risque pour qu'elle vote pour son « libérateur », qui lui demandera des efforts majeurs, voici un premier défi que nous devons relever.

Pour parvenir à ce sentiment d'urgence, il faut que nos électeurs soient correctement informés de ce qui risque de se passer. Et là, ce ne sont pas les politiques qui tiennent le manche. Les maîtres du jeu pour cette étape sont les scientifiques, les ingénieurs et les économistes (les bons, pas ceux qui pensent que le monde est infini, mais ceux qui acceptent le verdict des physiciens sur le bois et les poissons, et voient comment compter correctement les coquillages dans ce contexte), et *surtout* les médias qui les relaient plus ou moins bien. Dans la répartition des rôles, les gens comme nous, et ceux qui nous inspirent (physiciens, géologues, mais aussi ingénieurs et sociologues), ont partie liée avec les médias pour faire passer le message de fond : il n'est plus temps d'attendre.

Ensuite, il faut gérer le bien commun face au danger, et c'est là le rôle du politique. À l'évidence, on ne va pas faire de la politique sans politiques : les élus restent ceux qui doivent mener la barque, même quand la mer se lève. Mais pour cela, encore faut-il qu'ils aient compris le contexte, et qu'ils se mettent mentalement dans la situation du chef de guerre face à un problème bien identifié. Hélas, nous sommes loin du compte. Le début de ce chapitre aura, nous l'espérons, convaincu le lecteur que nous sommes profondément attachés à la démocratie. Qui aime bien châtie bien, paraît-il. Alors allons-y franco : sur le plan de l'énergie et des ressources naturelles (dont un climat stable fait partie), tous nos grands élus sont à peu près aussi nuls les uns que les autres, à quelques rares exceptions près. Des élus, nous en voulons (puisque nous voulons de la démocratie), mais ceux que nous avons en magasin pour le moment sont presque tous à renvoyer en usine. Pour en avoir lu et écouté un certain nombre, nous pouvons le dire : la note moyenne que nous leur donnerions à un examen de connaissances – car nous sommes aussi enseignants à nos heures – ne dépasserait probablement pas 2 ou 3 sur 20. Avons-nous le droit de dire que la tare principale de nos élus n'est pas d'être malhonnêtes ou corrompus, mais bien d'être ignares sur un sujet sur lequel ils devraient en savoir beaucoup plus long que leurs électeurs ? Or la triste réalité est que leur niveau de connaissances ne dépasse pas celui de la population dans son ensemble. Ils ne savent même pas ce que doit savoir un lycéen studieux après avoir potassé son cours de SVT ! (Cela étant, en France, le niveau de connaissances demandé à un lycéen sur ces questions, qui vont être majeures pendant son existence, frise aussi l'indigence, mais on vous réserve le couplet là-dessus pour plus tard.)

Si, sur certains sujets de société, il y a bien une différence entre partis, en ce qui concerne la contrainte « énergie-climat », l'homogénéité de nos politiciens de service est presque parfaite. De l'extrême gauche à l'extrême droite, en passant par l'extrême centre et même, pour une partie d'entre eux, l'extrême vert, ils sont tous d'accord : il y a peut-être un problème avec le pingouin sur sa banquise, ce qui rend les enfants très tristes, mais cela ne concerne sûrement pas les affaires de grandes personnes, comme le pouvoir d'achat ou la compétition économique internationale. Et nous ne sommes pas davantage aidés par les journalistes politiques, globalement aussi ignorants que leurs clients sur la question. Nous avons donc droit à un jeu à somme nulle, où les sujets évoqués dans cet ouvrage ne viennent que rarement sur la table dans les émissions dites « politiques », et, quand ils y arrivent, ils sont le plus souvent formulés de manière vague et sans portée pratique pour l'électeur.

Nous sommes donc face un consensus trop mou pour prendre le problème au bon niveau, c'est-à-dire se dépêcher de mettre en place des programmes politiques destinés à changer radicalement le monde avant l'ouragan. Au lieu de cela, élus et journalistes politiques se renvoient la balle pour discuter de plans sur la comète avec cinquante ans de croissance ininterrompue devant nous, qui permettront aux retraites d'être payées, et aux constructeurs automobiles d'exporter des voitures à des Indiens et des Roumains « qui ont bien le droit de vivre comme nous ». Ils ont probablement ce droit, mais le « comme nous » ne peut en aucun cas se référer à ce que nous consommons aujourd'hui.

Au dernier débat présidentiel, c'est donc du même côté de la table que nous aurions dû trouver Royal, Sarkozy, et les deux journalistes politiques qui les interrogeaient. Tous les quatre étaient tellement confiants dans leurs promesses de croissance infinie ! Seule la répartition des sucettes supplémentaires était un sujet de débat. En face de ce quartette, nous aurions pu mettre les tristes sires du pic de production de pétrole, les rabat-joie du changement climatique, les pisse-froid de la perte de biodiversité, bref tous les emmerdeurs du monde fini et les empêcheurs de promettre en rond. Car ce qui séparait nos deux candidats dans leur vision du monde, dans un numéro de questions réglé au millimètre, était ridiculement marginal par rapport à ce qui les rassemblait. L'un proposait de ne pas croire à la contrainte physique de la manière *a*, pendant que l'autre proposait de ne pas y croire de la manière *b*. Sujet unique de l'examen : trouver la meilleure répartition d'une croissance infinie de la production industrielle, c'est-à-dire celle qui aura le plus la faveur de l'électeur. Hors sujet, messieurs-dames ! Zéro pour la question.

Au vu des connaissances disponibles, il est évident que le clivage de l'offre politique devrait se faire essentiellement entre ceux qui croient que l'important ce sont les coquillages, qui sont hélas aujourd'hui la quasi-totalité (même chez les Verts), et ceux qui considèrent que ce sont les poissons et le bois. En d'autres termes, la différence devrait être entre ceux qui croient que les limites physiques s'imposent à nous et à notre PIB, et ceux qui n'y croient pas. Il est regrettable que l'essentiel de l'offre se trouve du côté de ceux qui se trompent de cahier des charges.

Travailler plus pour gagner moins

Pour illustrer ce qui précède, revenons au cas pratique de la dernière campagne. D'un côté, Nicolas Sarkozy annonçait que nous allions devoir travailler plus pour gagner plus. Avec les indicateurs que nous utilisons aujourd'hui, qui confondent les coquillages et le bois restant, ce qu'il propose serait plutôt de travailler plus pour faire faillite plus vite. Si nous nous conformons au bon cahier des charges, celui du monde fini, nous allons assurément devoir nous retrousser les manches plus qu'avant, mais pas du tout pour avoir une voiture de plus en plus grosse, ou même une voiture tout court. Cela sera plutôt pour que nos enfants ne connaissent ni la guerre ni la dictature, et que nous retrouvions la fierté de nous mettre au service d'une grande cause, avec globalement moins de voitures et de fringues dans la garde-robe, une vie moins trépidante et plus sage, donc plus heureuse, tant il est évident que la furie qui nous a pris est bien liée à notre consommation insensée d'énergie et de matières. Mais la paix préservée est quelque chose qui va tellement de soi pour l'électeur et pour le candidat que personne ne saurait considérer que cela doit occuper une place centrale dans les programmes de campagne. La paix et la démocratie, c'est une évidence ! Et pourtant, rappelez-vous, c'était sur le sol européen et ce n'est pas si vieux... La dictature en Espagne (Franco), au Portugal (Salazar), en Grèce (régime des Colonels), partout en Europe ou presque (1939-1945), la guerre et l'épuration ethnique dans les Balkans... La vérité, c'est que l'équilibre préservé ne va pouvoir se faire qu'en diminuant la productivité du travail, comme l'énarque pascuan qui ne sait pas compter l'a bien compris. En termes purement matériels, nous allons devoir accepter de travailler plus pour gagner moins.

À Ségolène Royal, maintenant, qui se situe du côté de ceux qui promettent de travailler moins pour gagner plus. En effet, avoir plus en travaillant moins est exactement la conjonction de la croissance du PIB (donc plus de coquillages), qui fait évidemment partie des promesses qui vont de soi, avec la baisse du temps de travail qui va aussi de soi. On peut le promettre si on veut, mais ce n'est pas comme ça que le monde va évoluer. Disons que Sarkozy avait au moins un point pour lui dans ce débat : nous allons effectivement travailler plus ! Car les retraites à 60 ans et les six semaines de congés payés, les études longues et les 35 heures, tout cela ne tient que dans un monde de machines énergivores. Dans le monde réel, cela ne durera pas plus que l'ère de l'énergie gratuite. On peut s'en plaindre, mais promettre le contraire et ne pas le voir arriver est le plus sûr moyen de basculer dans le totalitarisme lorsque les espoirs déçus et la frustration devant le miracle annoncé qui n'arrive pas seront trop forts.

Il faut bien voir ici que, dans un monde dans lequel on n'achète que des hommes, gagner plus (en termes réels, pas en coquillages) signifie soit être capable d'acheter de plus en plus de travail d'autrui, soit acheter le même travail qui sera devenu plus productif. On ne peut pas acheter indéfiniment une quantité croissante de travail d'une personne donnée. Personne n'aura jamais plus de vingt-quatre heures par jour ! Et cette hausse n'est pas franchement dans l'air du temps. Reste donc la productivité. À ce jour, l'amélioration de la productivité s'est toujours obtenue par un surcroît important de consommations de ressources et de dépenses énergétiques. À méthode constante, notre équation ne peut donc mathématiquement fonctionner que dans un contexte de croissance démographique, et/ou de croissance de l'extraction de ressources naturelles par personne. Sauf donc à changer radicalement de règles du jeu, notamment en augmentant fortement la fiscalité et les prélèvements sur l'énergie, ce qui n'est pas au cœur du programme politique considéré, la population dans son ensemble devra donc travailler plus pour gagner moins. Il sera bien sûr possible de répartir un peu différemment le gâteau pour que certains travaillent moins et gagnent plus, et inversement. Mais ce ne peut être vrai pour tous. Ridicule, diront les économistes en cour ? Malheureusement infailliblement évident, tant que nos ressources naturelles seront gratuites.

La seule question qui se pose aujourd'hui est de savoir si nous allons réussir à trouver du sens à cet effort collectif. Allons-nous pouvoir rééditer ce qui s'est passé en Grande-Bretagne pendant la guerre ? Allons-nous réussir à relever ce défi-là ? Pour le moment, ce n'est absolument pas le problème auquel s'attaquent les deux partis majoritaires…

Mais, dira le lecteur, vous oubliez les partis qui mettent les problèmes dans le bon ordre, les écologistes et les partis contestataires. Pourquoi ne pas simplement voter pour eux ? De fait, la question est posée : l'innovation arrivera-t-elle « de l'extérieur », c'est-à-dire avec des partis aujourd'hui minoritaires qui grossiront peu à peu, ou « de l'intérieur », avec l'arrivée aux instances dirigeantes des partis majoritaires de personnages nouveaux, ayant une culture et une volonté suffisantes pour proposer des solutions à notre problème, et mettre à la retraite les ténors actuels et leurs illusions d'un autre temps ? Prenons un pari : il est assez vraisemblable qu'une solution démocratique à notre affaire mélangera les deux. À la fois de l'innovation en provenance de partis minoritaires, mais qui le resteraient, et une récupération des bonnes idées par les partis majoritaires, qui le resteraient aussi. L'Histoire est en fait assez avare d'exemples où les mouvements fortement minoritaires et anticonformistes d'un temps deviennent franchement majoritaires trois ans après sans qu'il y ait eu bain de sang ou grosse crise à la clé. C'est donc à l'intérieur des grands partis qu'il faut rapidement trouver une solution, même si cela doit conduire à la retraite anticipée nombre de dirigeants actuels.

In majorito veritas

Cette affaire d'énergie et de climat est l'objet d'un basculement subtil quand on passe du problème à la solution. Ce basculement explique à la fois notre ton péremptoire (arrogant, diront certains !) sur la contrainte physique, qui débouche naturellement sur la distribution des mauvais points aux ténors politiques actuels qui n'en tiennent aucun compte, et la grande prudence, qui décrit la possible construction d'un consensus sur la meilleure solution possible. Lors de l'exposé du problème, nous avons la science avec nous. Cette dernière est bourrée de « vérités divines », malgré l'impression contraire que la presse se complaît parfois à donner au lecteur. Dans le descriptif du problème, il n'y a pas d'ambiguïté sur les raies d'absorption du CO_2 dans l'infrarouge ou sur le champ gravitationnel de la Terre. Il n'y a pas deux définitions au joule (l'unité d'énergie), et pas deux formules possibles pour le méthane. Il n'y a pas deux points triples de l'eau, ni autre chose que 3 isotopes à peu près stables du carbone à l'échelle du siècle. Il n'y a pas deux ordres de grandeur possibles pour l'altitude de la tropopause, ni deux lois de Carnot.

Quand on en arrive à la solution au problème, tout cela fond comme neige au soleil. Il n'y a qu'une définition au kilo, une seule au mètre, et une seule formule pour calculer la quantité minimale d'énergie qu'il faut utiliser pour soulever un kilo d'une hauteur de un mètre, mais il y a une infinité de façons de le faire. On peut l'accrocher à une poulie et tirer, faire tourner un moteur, exploser une charge sous le poids pour l'envoyer en l'air, etc. L'analogie avec notre affaire n'est pas feinte : il y a peu de place pour l'arbitraire dans la définition du problème énergie-climat, mais il y a une infinité de possibilités théoriques pour le résoudre. Ce qui va cadrer la discussion est l'acceptabilité sociale de chaque possibilité. Pour diviser la consommation planétaire de n'importe quoi par 4, il est équivalent de tuer les trois quarts de la population ou de demander à chacun de diviser sa consommation par 4. L'acceptabilité sociale, on en jugera, n'est pas exactement la même !

Il est donc indéniable que les partis politiques travaillent sur la partie la plus difficile du problème, et n'ont pas l'avantage, comme nous autres ingénieurs, d'être cadrés au plus près par des lois physiques qui ne se négocient pas. Quand on en vient au débat sur les solutions, l'arbitrage majeur porte sur la répartition de l'effort entre maintenant et plus tard, sachant que les intérêts courent et que, plus l'effort sera tardif, plus il sera pénible. Mais cela laisse encore une infinité de possibilités théoriques dépendant du pays en question, de son histoire, de ses valeurs, etc.

Dans ce contexte, qu'avons-nous à attendre des partis

minoritaires ? Cela dépend. Une partie d'entre eux sont tout autant hors sujet que les partis majoritaires, parce que leur élément de différenciation est extérieur au problème. Ils partagent avec les partis majoritaires du moment le présupposé du monde infini, et sont donc tout aussi peu pertinents dans les solutions proposées, même si certains éléments de leur programme, semblant très hérétiques aujourd'hui, sont à regarder de près dans un contexte d'effort partagé. En France, cela concernera par exemple Lutte ouvrière, ou encore le Front national ou le parti des chasseurs (Chasse, pêche, nature et traditions), même si ce dernier parle un peu d'environnement. Aucun de ces partis ne met l'énergie et les flux physiques au centre des activités humaines ; ils sont tous sur les coquillages. Aucun ne voit d'autre problème à traiter qu'une plus juste répartition de revenus croissants exprimés en coquillages, que ce soit entre ouvriers et capitalistes, entre urbains et ruraux, ou entre Français et étrangers. N'ayant pas centré leur offre sur les limites physiques du monde, ces partis n'ont pas de raisons d'être favorisés quand la prise de conscience augmentera sur cette question énergétique. Certes, ils sont minoritaires et contestataires. Mais il ne suffit pas de contester le voisin pour être soi-même porteur d'un projet positif !

Malheureusement, dans le monde réel, la solution devra produire un bonheur croissant – ou pas trop décroissant – avec un gâteau matériel qui, lui, sera décroissant pour une large part. Sacré défi, qui nous rappelle que finalement, là comme ailleurs, le monde merveilleux n'existe pas. La solution qu'un nombre croissant d'individus appellent de leurs vœux sera bourrée d'imperfections. Dans le monde réel et hélas imparfait dans lequel nous vivons, nous pouvons bien courir derrière l'utopie, les problèmes courent plus vite que nous. La question n'est pas de trouver la solution idéale, mais de choisir la moins mauvaise. Il faudra se le rappeler quand nous choisirons l'élu qui nous guidera vers la porte de sortie de cet univers de plus en plus menaçant.

Voter Verts ?

À côté des partis qui se placent sur le terrain de la répartition d'un gâteau sans limites, il y a une deuxième sorte de mouvements minoritaires, comme les Verts et Cap 21 en France, et leurs équivalents étrangers, qui peuvent aller jusqu'à 10 % des voix ou un peu plus dans certains pays, surtout du nord de l'Europe. Ces partis mettent officiellement l'environnement au centre de leur programme. Le « officiellement » n'est pas une boutade, car l'examen de leurs diverses campagnes ou prises de position montre que leur vie publique s'organise souvent autour de thèmes qui n'ont pas de lien direct avec l'environnement (droits des sans-logis et sans-papiers, des minorités de toutes sortes, liberté d'expression, etc.). Le rassemblement d'écologistes constitué dans la perspective des Européennes de 2009 est également à ranger dans cette catégorie. Mais ces mouvements souffrent tous de la même faiblesse, qui nous fait douter qu'ils puissent un jour devenir des partis majoritaires.

Cette faiblesse vient de ce qu'ils sont souvent nés de l'union de gens qui partagent une hostilité commune (contre le nucléaire, contre la chasse à la baleine, contre les OGM, contre l'inconscience des gens qui nous dirigent), mais être d'accord pour être contre ne fait pas nécessairement de vous des gens d'accord pour être pour. Sinon, toutes les associations « contre » qui se développent ici et là (contre l'usine, contre la centrale, contre l'autoroute, contre la décharge) deviendraient automatiquement des partis politiques, puisque leur opposition commune les conduirait *de facto* à partager une vision commune de l'avenir pour tout le reste ! La majorité des Verts sont contre le nucléaire civil, et c'est même ce qui les a fondés pour une large part. Si vous allez à la bibliothèque des Verts à Paris, à la rubrique « énergie » vous trouverez trois livres sur les énergies renouvelables et tout le reste est contre le nucléaire ! Ni pétrole, ni charbon ni gaz, ce qui est quand même un peu gênant puisqu'ils représentent 80 % de l'énergie mondiale... Cette focalisation sur le nucléaire civil serait légitime si nous avions affaire au pire fléau qui menace la planète, mais on nous permettra d'en douter. Même Tchernobyl, avec ses 130 000 déplacés et ses milliers de cancers de la thyroïde chez les enfants, ne représente pas grand-chose devant la voiture (1 million de morts par an dans le monde), la cigarette et l'alcool (1 million chacun aussi), les hamburgers et sucreries diverses (responsables chaque année de plusieurs centaines de milliers de décès prématurés, et d'un inconfort de vie majeur pour plus d'une centaine de millions de personnes obèses dans le monde), les armes à feu (à nouveau un million de morts par an), ou même le charbon (plusieurs milliers de morts par an dans les seules mines chinoises), les barrages (quelques centaines à quelques milliers de morts par an par rupture de retenues, et 1 million de personnes déplacées aux Trois Gorges, même s'il s'agit d'énergie *renouvelable*). Tant qu'à rester dans le nucléaire, pourquoi ne pas être d'abord contre le nucléaire militaire, qui consiste à accumuler des armes dont le but premier n'est pas spécialement le bien-être (alors que la production électrique sert quand même un peu à ça), mais la destruction des vies et des biens ? Et si une technologie se doit d'être d'une innocuité totale même dans ses excès pour être acceptable, pourquoi ne pas proposer d'éradiquer l'industrie chimique parce qu'il y a eu AZF et Bhopal, et l'informatique (dont se servent tous les militants radicaux) parce qu'elle sert *aussi* à guider les missiles de croisière et les tirs de char ?

Nous espérons que ces quelques questions montreront que la hiérarchie des nuisances, par exemple en fonction du nombre de décès annuels, n'est pas ce qui conduit nos amis Verts à proposer ceci plutôt que cela. Quand on se constitue en rassemblant des gens qui savent d'abord ce qu'ils ne veulent pas, dès lors qu'il s'agit de passer de l'opposition à la proposition, l'unanimité devient une chimère. Un ex-adhérent des Verts nous a dit en plaisantant à peine qu'il y avait autant de courants au sein de ce parti que de cartes d'adhérent distribuées ! Les Verts constituent un parti radical, pas au sens de la solution proposée (au chapitre suivant), mais au sens de l'opposition comme posture.

On retrouve ces caractéristiques dans les partis Verts européens, mais le mode de scrutin et le fonctionnement du Parlement sont quand même à l'origine de différences significatives. Le Parlement européen recrutant à la proportionnelle, les Verts y ont des élus, alors que le mode de scrutin français laisse les petits partis hors de l'Assemblée. Du coup, ils sont encore plus poussés à la radicalisation. Par contre, être dans une assemblée met déjà dans un processus de production de compromis : on n'y obtient pas le monde merveilleux dont on rêve, mais un amendement, éventuellement. Les élus européens ont donc une manière d'aborder le monde un peu différente, et du reste ils tiennent un discours souvent moins radical. Il n'empêche, la mue sera probablement très difficile pour que ces partis minoritaires deviennent majoritaires en deux ou trois ans (car c'est tout au plus le temps qu'il reste pour embrayer la surmultipliée). Quand l'électorat qui donne la priorité aux ressources par rapport aux coquillages passera de 10 % à 51 %, ce ne sont probablement pas les partis Verts actuels qui vont ramasser la mise, mais les partis majoritaires. Allons plus loin : si nous souhaitons une transition rapide mais démocratique, un peu dans le style « effort de guerre des États-Unis entre 1941 et 1945 », il est même souhaitable que cette transition ne soit pas gérée par les partis radicaux actuels.

Le monde associatif a aussi ses extrémistes, typiquement les tenants de la « deep ecology », ceux qui sont brocardés par Michael Crichton dans son livre *État d'urgence*. Pour eux, c'est la nature qu'il faut sauver des hommes, qui ne sont que de sales pollueurs, et qui peuvent être sacrifiés si nécessaire. Dans l'esprit de ces mouvements, qui ont nécessairement de l'influence sur les militants plus modérés, les seuls qui ont le droit à un avenir meilleur sont ceux qui n'ont jamais péché. Or le drame avec le sauvetage de la planète, c'est que cela suppose de sauver aussi tous les individus qui habitent dessus, sans tri préalable. Sauver la planète, en fait c'est sauver l'humanité d'elle-même, et dès lors qu'ils votent, il faut en persuader aussi les escrocs, les malpolis, les menteurs, les crétins, ceux qui lisent *Minute*, ceux qui ont tapé dans la caisse, ceux qui présentent des programmes stupides à la télévision, ceux qui se vautrent dans la soie pendant que les autres sont au chômage, ceux qui aiment le nucléaire et pas les éoliennes, et surtout tous ceux qui sont déjà montés dans une voiture ou, pire, un avion, et qui en plus ont aimé ça. Mais dans un processus de prise du pouvoir dans un contexte de crise (car c'est dans ce genre de contexte que les minoritaires d'hier deviennent subitement majoritaires), qui peut garantir que le tri ne sera pas fait d'une manière très déplaisante ?

Décortiquons les discours des contestataires du monde politique ou du monde associatif. Sont-ils pour la rédemption du pécheur, qu'il s'agisse du capitaliste, du pro-nucléaire ou du pro-OGM ? Et s'ils sont bien pour la rédemption du pécheur, que proposent-ils pour y parvenir ? N'a-t-on pas l'impression, parfois, que la solution proposée passe par un changement préalable de la nature humaine, qui a autant de chances de se produire à brève échéance que l'apparition d'une deuxième Lune la semaine prochaine ? Entre autres choses, il va par exemple falloir gérer notre affaire en restant dans un monde où une partie des activités productives resteront assurées par la sphère privée, sauf à exiger que même la culture maraîchère, le ménage et la pose d'un robinet relèvent nécessairement de la sphère publique, comme ce fut le cas en URSS, sans que les résultats soient particulièrement probants en ce qui concerne l'utilisation des ressources naturelles et la protection de l'environnement. Si nous gardons des entreprises privées, ce qui est notre point de vue (et ne signifie pas qu'elles sont automatiquement libres de faire ce qu'elles veulent), quelle règle proposent les militants radicaux pour faire le partage entre la bonne et la mauvaise entreprise ? En fait, savent-ils seulement s'ils sont pour ou contre le capitalisme, qui ne se définit pas comme la domination de tous par de grandes multinationales, mais seulement comme la propriété privée des moyens de production ? Pour le moment, la copie est blanche sur ce genre de sujet.

Donnez-moi tout et son contraire, SVP

Les militants médiatiquement les plus visibles annoncent clairement ce qu'ils ne veulent pas, mais il arrive souvent qu'une partie de ce qu'ils ne veulent pas dans tel domaine soit en contradiction avec ce qu'ils ne veulent pas dans un autre. Par exemple, ceux qui ne veulent pas du nucléaire sont aussi ceux qui ne veulent pas du changement climatique. Ils ne veulent pas plus d'énergies renouvelables massives, par exemple en transformant toute la forêt française en plantations pour faire des combustibles solides ou liquides avec des plantes à haut rendement mais avec zéro biodiversité, ou en noyant toutes les vallées des Alpes pour installer de nouveaux barrages ou des stations de pompage permettant de stocker l'électricité produite par des éoliennes intermittentes (dont certains ne veulent pas non plus !). Et pour finir, ils ne veulent pas de la hausse du prix de l'énergie qui permettrait de n'avoir ni nucléaire ni combustibles fossiles en divisant la consommation d'énergie par 10, au motif que cela va « pénaliser les plus pauvres ».

On pourrait continuer longtemps cette liste. Il y a peu de temps, un électricien suédois et allemand (Vattenfall), a inauguré une nouvelle centrale à charbon qui capture et séquestre le CO_2. En clair, au lieu de laisser partir ce CO_2 dans l'atmosphère, on le capture à la sortie du brûleur (lequel est assez spécial) et on le met sous le sol. Greenpeace a aussitôt protesté, se mettant en position d'être contre le charbon « normal » (avec le CO_2 qui part dans l'air), contre le charbon avec séquestration du CO_2, contre le nucléaire, et nécessairement aussi contre le gaz et le fioul lourd. Que reste-t-il ? En Allemagne, les éoliennes sont un sujet sympathique pour une presse qui ne sait pas compter, mais ça fait aujourd'hui 5 % de l'électricité allemande et cela n'ira guère au-dessus pour des raisons physiques. Si le patron de Greenpeace était nommé chancelier allemand demain, il ferait quoi ?

Si nous revenons à une démarche plus pragmatique, qui consiste à classer les solutions par ordre de mérite, non seulement cette séquestration ne peut pas faire de mal, mais il est urgent d'en mettre partout, fût-ce aux frais du contribuable européen. 75 % du charbon extrait sur terre sert à faire de l'électricité, et inversement, l'électricité produite avec du charbon représente 20 % des émissions mondiales de CO_2, soit plus que tous les moyens de transport ! Quand on sait que le charbon constitue l'essentiel des ressources restantes en combustibles fossiles, et que ces ressources sont pour l'essentiel chez les Américains qui culturellement n'aiment pas les limites, chez les Chinois et les Indiens qui vont nous envoyer bouler si nous le leur demandons sans le faire nous-mêmes, et enfin chez les Africains du Sud et les Australiens qui pour le moment ne vont pas passer au tout-nucléaire ni aux éoliennes pour nous faire plaisir, il est évident pour nous que la séquestration est un des éléments de la solution au problème. Ce qui importe aujourd'hui n'est pas de continuer à vouloir le monde merveilleux – ce qui ne garantit que d'aller plus rapidement encore vers l'enfer (mais les idéalistes s'en rendent-ils compte, passé l'utilité de jeter parfois des pavés dans la mare ?) –, c'est de mettre le plus vite possible les milliards sur la table pour équiper toutes les centrales à charbon du monde, et non une seule pour épater les journalistes. Si le but du jeu est vraiment d'éviter de mettre du CO_2 dans l'atmosphère, comme le lieu des émissions n'a pas d'importance, l'argent du contribuable européen serait assurément mieux utilisé en finançant de la capture et de la séquestration chez les Chinois, plutôt que de l'éolien chez nous !

La nécessité du pragmatisme quand le temps est compté

commence heureusement à être perçue par un nombre croissant d'individus, qui seront justement les électeurs des partis majoritaires demain, et qui, il faut l'espérer, conduiront ces derniers à se débarrasser le plus vite possible des dirigeants actuels qui ne comprennent rien au bois et aux poissons, et sont focalisés sur les coquillages. Ce pragmatisme prend place à vitesse variable selon les pays. Pour en revenir au nucléaire, nos hésitations existent beaucoup moins hors d'Europe. Partout ailleurs dans le monde, le nucléaire commence de plus en plus à être vu comme un élément de solution, à tel point que l'on songe aujourd'hui à inclure le nucléaire dans les mécanismes de développement propre au titre de la Convention Climat. Même en France, le sentiment sur la question a beaucoup évolué en trois ans. Les opposants farouches le resteront : pour eux, la question est devenue d'ordre religieux. Ils sont contre le nucléaire comme les économistes libéraux sont contre le changement climatique ; c'est une affaire de principe. La question n'est pas de savoir ce qu'est un sievert (unité de dose radioactive reçue), mais de choisir un symbole et de le brandir partout et tout le temps. Les indécis ont tendance à basculer pour partie des « indécis contre » à « indécis pour ». Il y a trois ans, on avait demandé aux Français quel problème leur apparaissait le plus grave : le nucléaire ou le changement climatique ? 30 % considéraient que c'était le nucléaire, 30 % le changement climatique, et évidemment 40 % mettaient les deux au même niveau. La même question posée aujourd'hui donne 20 % qui redoutent le plus le nucléaire, mais 50 % qui estiment que c'est le changement climatique qui est le plus à redouter. L'opinion française étant en train d'évoluer, nous voyons mal comment un parti politique qui s'est bâti sur son opposition au nucléaire peut opérer une mue suffisante pour ramasser la mise auprès de ces nouveaux électeurs. En fait, ces mouvements doivent accepter le rôle ingrat que leur réserve l'Histoire, qui est d'être des aiguillons utiles pour faire émerger le débat dans les partis majoritaires, sans rafler la mise derrière. Leur seule vocation doit être de se faire voler leurs bonnes idées, caractéristique qu'ils doivent partager avec les associations.

Les partis majoritaires n'ont par contre aucun problème avec le fait de dire blanc hier et noir aujourd'hui. Ici, cela correspondra à un dirigeant qui fait campagne en promettant d'aller faire la guerre en Irak, puis qui, une fois élu, s'attelle à la sortie de la guerre en Irak. Là, nous allons trouver dans le programme électoral de Nicolas Sarkozy le souhait de mettre en place en France le crédit hypothécaire, c'est-à-dire le crédit qui permet à des ménages à faibles revenus de consommer aujourd'hui en apportant leur logement en garantie. Ce crédit est précisément de ceux qui ont conduit à la crise des *subprime*. Qu'arrive une crise mondiale, et voici notre candidat devenu président qui, comme le chantait Dutronc, retourne instantanément sa veste, et devient le héros de l'encadrement du crédit en disant pis que pendre sur ces banquiers qui ont fait n'importe quoi… c'est-à-dire à peu près ce que voulait faire le candidat ! En l'occurrence, nous sommes ravis qu'il ait changé d'avis, car il était absolument évident qu'il allait faire une ânerie majeure.

On prend les mêmes et on recommence, mais autrement

Cela peut paraître très cynique, mais du coup les partis qui vont, et même qui doivent, ramasser la mise sont les partis majoritaires actuels, même si ce sont eux qui nous ont conduits aux ennuis. Il faut se rendre à l'évidence. Comment, sinon, mettre un programme massif en œuvre dans les mois et les années qui viennent, alors que nous ne pouvons pas faire confiance aux partis minoritaires pour cela ? En revanche, cela ne signifie pas qu'il n'y a rien à modifier dans l'offre actuelle. Il y a même fort à faire, et il appartient aux partis de faire le ménage parmi leurs dirigeants, leurs militants – surtout les plus jeunes, pragmatisme oblige – héritant de cette lourde charge.

Notre premier souhait est que les plus nuisibles de ceux qui ne sont pas formatés pour le problème que nous avons à résoudre soient très rapidement poussés vers la sortie, par exemple ne soient pas investis lors des élections, ou pas plébiscités par les militants. La théorie de l'évolution doit aussi s'appliquer au personnel politique. Dehors les dinosaures et les plus ignorants ! Parmi ceux qui doivent aller d'urgence cultiver leur potager, la tranche des plus de 60 ans est écrasante, pour une raison simple. Quand, depuis que l'on a l'âge de raison, on n'a vu que des bons côtés à la civilisation industrielle, qui a libéré les femmes des tâches domestiques, donné une voiture à chaque ménage ou presque, amené le téléphone chez tout le monde, rendu les aliments abondants et accessibles, permis à l'homme d'aller sur la Lune, et que tout cela s'est fait à coût apparent nul ou presque pour l'environnement (puisque l'essentiel des ennuis sont pour demain), il est psychologiquement difficile de se dire que finalement ce à quoi on a œuvré toute sa vie n'avait pas que des bons côtés.

Il faut donc que certains quadras et quinquas qui commencent à être sensibles à ce que nous racontons se dépêchent de prendre du galon dans leur parti. En France, la prochaine présidentielle est l'extrême limite pour réorienter 50% – au moins – du PIB autour de notre problème. Ce sont donc ces quadras des partis majoritaires qui ont le destin du pays en main. La cause est-elle fichue ? Quand on regarde bien, il y a au sein de chaque parti significatif (disons l'UMP, le PS et la nébuleuse UDF-NC-Modem) une prise de conscience qui commence à se faire sur l'importance de mettre la physique à sa juste place dans les raisonnements économiques et sociaux. Cette prise de conscience est justement le fait de la tranche d'âge que nous évoquons ici. Elle survient chez des députés ou des maires déjà un peu hauts dans les appareils de parti, tout en laissant de côté l'essentiel des ténors pour le moment, sauf ceux qui, dans leurs jeunes années, ont eu l'occasion de s'intéresser au problème, comme c'est le cas pour Al Gore. Certes, ils ont tous signé le Pacte écologique, mais probablement sans le lire en détail et sans en comprendre les implications pour les candidats des deux partis dominants.

Il est urgent que la contrainte carbone se fasse une place croissante au soleil dans les appareils. Pour cela, la balle passe dans le camp des militants. Que ceux que nous inspirons, quel que soit leur parti, se dépêchent de se manifester auprès de leurs responsables ! S'engager aujourd'hui dans le militantisme politique, si c'est pour se mettre au service de la « sortie du fossile », sans dogmatisme quant aux solutions, qui seront bonnes ou mauvaises selon qu'elles sont efficaces ou pas, et dénuées d'effets pervers majeurs ou pas, est peut-être pécher par excès de naïveté, mais au moins cela ne peut pas nuire. Pousser les dirigeants des partis à en parler encore et encore, les tanner tant et plus sur ce qu'ils proposent, voici un temps qui n'est pas complètement perdu, et qui a un autre effet bénéfique : amener la population à accepter la part « potion amère » de la solution.

Car c'est bien comme cela que les choses vont se passer si tout se passe bien, pour la contrainte carbone comme pour les retraites. Les militants parlent du problème, du coup les ténors en parlent aussi, et *in fine* on conduit la population vers un état où elle est d'accord pour prendre sa part à l'effort sans avoir véritablement compris la nature de ce qui cloche, mais en comprenant quand même que là est le sens du vent. Si la quasi-totalité de nos élites politiques ne parlent que de la solution aux ennuis, et des défis associés, par la force des choses cela poussera la population, même si elle n'a toujours pas compris pourquoi il y avait un problème grave, à accepter avec un certain plaisir d'être mise à contribution. Cet enchaînement se vérifie aussi dans d'autres domaines.

Nous aurons donc fait un grand pas quand Monsieur et Madame Tout-le-monde trouveront normal – même s'ils n'ont pas vraiment saisi la réalité du problème – que l'on consacre une partie de leurs impôts et de leur temps de travail à le résoudre. À condition que les personnes qui disent qu'il y a un vrai problème à traiter soient dignes de confiance. C'est là que nous en arrivons au rôle de ceux qui ne sont pas à pousser vers la sortie dans les partis existants. Il faut absolument qu'ils favorisent l'émergence, au sein des partis politiques, d'une offre adaptée au problème. Cela signifie tout d'abord qu'ils doivent prendre le temps de retourner à l'école tant qu'ils ne sont pas encore en fonction ministérielle, car après ils n'auront plus le temps. Ils doivent ensuite multiplier les occasions pour que leurs collègues y retournent aussi. Les universités d'été, conventions et autres rassemblements doivent être autant d'occasions de passer trois heures à comprendre comment se présente véritablement la question, avec téléphone portable coupé. On ne devient pas omniscient sur ce genre de sujet le jour où l'on devient ministre, ou le jour où un journaliste vous tend un micro pour vous demander votre avis. Et cette compétence ne doit pas être limitée au ministre de l'Environnement. Les ressources conditionnant la totalité de nos activités, il faut que l'économie, le social, les sports, les transports, le logement, les relations avec le Parlement, la santé, la diplomatie, la défense, et tout le reste, comprennent de quoi il retourne.

À vrai dire, le mot *environnement* est mal choisi : il donne à penser qu'il s'agit de questions extérieures au destin des hommes, alors qu'il s'agit du cœur du sujet. LA raison majeure d'avoir proposé un vice-Premier ministre dans le Pacte écologique de la fondation Nicolas-Hulot est basée sur ce constat. Tant que tout ministre qui n'est pas à l'Environnement considérera que la physique (ou la biologie pour les enjeux de biodiversité) ne le concerne pas, c'est la crise dure qui se trouve au bout du chemin. Ensuite la durée de vie d'un ministre est d'environ deux ans, quand ce n'est pas moins, et à chaque changement une dizaine de candidats au minimum sont sur les rangs : il faut donc un petit stock de ministrables qui sachent de quoi il retourne ! Aujourd'hui, le ministre a une toute petite chance d'être techniquement compétent sur le sujet qu'il traite lorsqu'il s'en va. Car quand il arrive, dans la plupart des cas, il n'y connaît rien. Si nous prenons le gouvernement actuel, Jean-Louis Borloo ne fait pas partie de ceux qui avaient le plus gros vernis environnemental au départ. Le jugement n'aurait pas été le même avec Alain Juppé, mais le parcours de ce dernier est très atypique, avec une année sabbatique à l'étranger qui lui a probablement fait le plus grand bien, ce qui, soit dit en passant, pourrait devenir une règle, car cela amènerait beaucoup de hauteur de vue à notre classe politique ! Les compétences préalables pèsent donc peu par rapport aux envies, amis et réseaux dans l'attribution des portefeuilles.

Venons-en maintenant aux députés et sénateurs, qui ont à voter les lois. Si vous pensiez que cela se fait en parfaite connaissance de cause, détrompez-vous. Il y a tout au plus dix députés à l'Assemblée nationale qui savent vraiment de quoi il retourne sur notre sujet (et le nombre de sénateurs compétents est encore plus restreint), et dix à vingt de plus qui commencent à comprendre que nous allons assez rapidement dans le mur avec notre adoration des coquillages. Pour les autres, un test de connaissances pas trop méchant nous amènerait rarement au-dessus du 3 sur 20. Le plus cocasse, c'est que ce sont souvent ces derniers qui se croient sérieux et qui se gaussent des quelques points de vue inquiets qui peuvent leur parvenir à l'occasion de discours ou d'auditions. Là aussi, il est illusoire de penser changer rapidement le système, même si le Grenelle a déclenché des demandes assez fortes de formation sur les questions d'écologie scientifique de la part de quelques députés.

La politique, c'est nous

Simplifions un peu : la classe politique est aujourd'hui assez représentative de l'opinion... avec trois ans de retard. Ce que nous pouvons essayer de faire, c'est qu'elle soit plus proche de l'opinion du moment, sachant que les voies classiques d'expression du citoyen (micros tendus par les télévisions, forums, associations, etc.) surreprésentent ceux qui ne sont pas contents (vive la polémique) et incitent les politiques à être plus timides qu'il ne le faudrait. Osons le dire : celui ou celle qui arriverait, aujourd'hui, avec les idées claires sur la contrainte majeure qui se dresse devant nous, et qui aurait un programme bien bâti pour y répondre, avec un mélange de souffle nouveau et d'effort pour chacun, celui-là ou celle-là pourrait être audible. Osons le dire : il nous faut un nouveau de Gaulle, et il nous le faut sous trois ans tout au plus. Mais le parallèle ne s'arrête pas au personnage providentiel, qui va nous tirer de la mouise sans que nous nous levions du canapé : au bout du compte, il ne faut pas oublier que l'offre politique émergera si les citoyens le veulent, et que tout le monde va devoir se retrousser les manches pour éviter bien plus pénible encore, plus tard. Si nous voulons la paix et la démocratie pour nos enfants – et nous le voulons ! –, il faut être bien d'accord avec le fait que nous allons devoir donner quelque chose en contrepartie.

Peut-on illustrer ce propos avec un exemple un brin provocateur ? Imaginons que, demain matin, 2 millions de personnes manifestent dans la rue pour demander, au nom de la sauvegarde de la paix et de la démocratie, une hausse progressive de la fiscalité sur l'énergie. Avec 2 millions de personnes dans la rue, quelles que soient les promesses de campagne des différents candidats, il ne fait aucun doute que les élus qui sauront gérer ce mouvement se manifesteront très vite. Réunion de cabinet dans la nuit à l'Élysée et, le lendemain matin, le gouvernement annonce qu'il s'exécute, aussi sûr que 2 + 2 font 4.

Utopie ? Voire : si cela permet d'échapper au pire, à revenus constants ou presque pour les ménages, est-ce si certain ? Mais vous avez dit *à revenus constants* ? Comment serait-ce possible ? Nous avions proposé, au sein du Comité de veille écologique de la fondation Nicolas-Hulot, de rendre le système de hausse de la fiscalité sur l'énergie très sympathique de la manière suivante : pour les ménages, la somme collectée grâce à cette hausse (qui porterait donc sur les carburants routiers, mais aussi sur le gaz, le fioul domestique, le charbon, et même sur l'électricité non fossile, mais à taux moindre) serait intégralement redistribuée à la fin de l'année sous la forme d'un chèque d'un montant identique pour tout contribuable. Un rapide calcul montre que les contribuables modestes percevront plus que ce qu'ils ont payé, alors que les nantis paieront plus que ce qu'ils recevront. On peut même imaginer que les ménages assujettis aux plus hautes tranches d'imposition ne reçoivent rien du tout ; tout cela est négociable. Pour les entreprises, l'intégralité des sommes perçues servirait à diminuer les charges sociales sur le travail. Alors revenons à la question : faut-il imaginer que, à jamais, nous serons incapables d'être favorables à un tel système, même quand l'ouragan approche ?

Quand nous nous plaignons de l'indigence de l'offre politique dans notre pays, plainte reprise en chœur dans toutes les démocraties du monde, c'est le plus souvent de notre propre indigence que nous nous plaignons. À notre niveau aussi, il faut prendre nos responsabilités et bien réfléchir à ce que nous répondrons lors des prochains sondages !

Et le Grenelle dans tout ça ?

« Tout ce que vous venez d'expliquer est fort beau, mais complètement dépassé. Nous avons eu le Grenelle de l'environnement, et cela a changé la politique. Désormais, le développement durable est au cœur de l'action de l'État !

Il y a même un ministre en charge de la durabilité qui est numéro deux du gouvernement ! Quel besoin de rajouter des impôts, puisque nous avons un ministre qui va s'occuper du problème ? »

Avant de répondre, il convient de remarquer que ce processus du Grenelle est au contraire la démonstration magistrale de ce que nous venons de dire. Car tout commence avec un certain Nicolas Hulot, qui publie un Pacte écologique, que tous les candidats s'empressent de signer. Ce pacte proposait un contrôleur de gestion du gouvernement, à savoir un vice-Premier ministre. Nous ne l'avons pas eu, et nous le regrettons, bien sûr. Le ministère de l'Écologie mis en place n'a prise ni sur les finances, ni sur l'agriculture, ni sur la mer, ni sur la politique européenne, ni sur la réforme de la fonction publique, ni sur les collectivités locales, et cette addition de « ni » le confine à des actions très limitées au regard du problème. Mais nous avons quand même eu mieux que rien, c'est-à-dire la fonction actuellement occupée par Jean-Louis Borloo. Sans Pacte écologique, pas de ministère du Développement durable, et sans ce ministère, pas de Grenelle de l'environnement, même si l'idée de ce processus n'est pas venue de Nicolas Hulot.

Maintenant, ce Grenelle a-t-il vraiment changé les choses ? Son premier effet intéressant a été de créer des places de dialogue entre acteurs qui ne se retrouvaient pas souvent autour de ce genre de sujet. Il a forcé les mouvements associatifs qui y étaient représentés à mettre de l'eau dans leur vin, a amené les syndicats de salariés à s'exprimer sur les questions d'environnement (avec une avancée majeure, qui est la position de principe favorable de la CFDT pour une taxation croissante de l'énergie, à laquelle les médias n'ont pas consacré l'espace mérité), a rendu « fréquentables » les cadres dirigeants favorables à une meilleure prise en compte des vastes défis environnementaux dans les grandes entreprises, et a montré que l'on pouvait aimer les pingouins et ne pas oublier les hommes. Il aura permis à l'écologie de progresser vers la place qu'elle mérite : une question de fond, qui doit amener à se demander s'il vaut mieux compter les coquillages ou les arbres. Du coup, les entreprises – qui ne sont pas payées pour faire de la politique – peuvent s'en emparer sans états d'âme. Ce n'était pas le cas il y a encore deux ou trois ans, l'activisme des mouvements radicaux et la complicité objective des médias ayant conduit la grande majorité des cadres et dirigeants d'entreprise à considérer que ce sujet était par nature radical ou idéologique et sans lien avec leurs affaires, et surtout sans lien avec la science et la technique qu'ils manipulent tous les jours.

Le deuxième effet intéressant portera ses fruits plus tard : la fusion des administrations de l'environnement, de l'équipement et de l'industrie. De nombreuses voix se sont élevées pour dire que l'environnement allait être dissous dans le béton (l'équipement). Ce n'est pas notre avis. Si nous voulons que les bétonneurs (comprendre : l'administration de l'équipement) s'intéressent à l'environnement, il n'y a que deux options : ou bien on leur oppose une administration de l'anti-béton qui leur tape dessus très fort, ou bien on leur demande de bétonner intelligent, voire de dé-bétonner dans un certain nombre de cas. Or la seconde option s'avérera bien plus facile à mettre en œuvre dans des délais réduits. Il se trouve que les fonctionnaires sont efficaces quand ils sont mis au service d'un pouvoir politique qui a les idées claires sur ce qu'il veut. La question n'est donc pas de savoir si on doit supprimer les fonctionnaires, mais ce que la collectivité leur demande de faire, et de quelles connaissances ils ont besoin pour faire correctement leur métier. Ce n'est pas la peine de demander aux bétonneurs de bétonner sans carbone, ou plus exactement aux sociétés de BTP de se mettre au service de la « décarbonisation de l'économie », si en face les fonctionnaires, même de bonne volonté, sont incapables de comprendre comment lire une offre rédigée en ce sens.

Un troisième effet intéressant est le pendant au sein de la classe politique de ce qui s'est observé dans certaines entreprises, où les révolutionnaires d'hier sont devenus les visionnaires de demain, et ont clairement monté d'un cran dans la hiérarchie et la considération de leurs collègues. En effet, le Grenelle a fourni à un certain nombre de députés l'occasion de se rendre compte qu'il s'agissait là d'un sujet respectable. Cela aussi, c'est un pas de franchi, probablement pour longtemps.

Dernier effet, le vote unanime par le Parlement de la loi Grenelle 1 a créé un sentiment de consensus : ces sujets sont bien fondés sur des données objectives, d'intérêt général, supérieur aux querelles de parti et aux divergences idéologiques. Une dynamique, certes encore bien insuffisante face aux enjeux, est quand même née.

Au revers de la médaille maintenant : fin 2008, la dynamique sérieuse reste essentiellement confinée à une poignée d'acteurs motivés. La conscience aiguë du fait que le monde est fini n'a pas encore gagné l'essentiel de nos concitoyens ni de nos élus, qui rêvent tous d'avoir plus de coquillages dans la poche. Pendant que Nicolas Sarkozy faisait de grands discours sur l'environnement, il mandatait Jacques Attali pour savoir comment couper le bois plus rapidement et pêcher les poissons plus vite. Pendant qu'il mandatait également une commission (coprésidée par deux prix Nobel d'économie, Joseph Stiglitz et Amartya Sen) pour savoir par quoi remplacer ou compléter le PIB, il multipliait les déclarations expliquant qu'il fallait continuer à le faire croître ! Ce Grenelle n'a donc pas été suffisant pour mettre les problèmes dans le bon ordre, le bois avant les coquillages, les réalités du monde fini avant les illusions d'un monde infini. Le présenter comme un épisode qui a permis de régler les problèmes, désormais derrière nous, serait donc un mensonge éhonté. Le calme avant la tempête...

Au secours, monsieur Hulot !

Si tout cela n'est pas suffisant, alors pourquoi l'ami Hulot ne s'est-il pas jeté plus directement dans la bataille, par exemple en acceptant le poste actuellement occupé par Jean-Louis Borloo, qui lui a été proposé ? Bonne question, assurément, à laquelle nous allons répondre par une autre question : qu'est-ce qui permet de penser que cela aurait permis plus d'avancées ? Car le vrai lieu d'arbitrage entre le bois et les coquillages, il n'est pas chez M. Borloo. Il n'est même pas chez M. Fillon. Il est pour partie à l'Élysée, et pour partie à l'Assemblée. Le seul poste à la mesure du changement espéré n'est donc pas celui de ministre du Développement durable. C'est celui de président de la République, complété (on le verra plus tard) par le poste de président de la Commission européenne. Tant que le président de la République pensera que les coquillages viennent avant le bois et les poissons, on bricolera. Ceci expliquant cela, au sein du comité stratégique de sa fondation, les auteurs de ce livre ont toujours défendu la même position : que l'ami Nicolas devienne simple député, simple ministre, ou même chef de parti serait aujourd'hui « gâcher la marchandise ». Tant qu'il pointe à 10 % à la question « Le voyez-vous comme président ? », il a beaucoup plus de valeur ajoutée là où il est, pour aiguillonner les partis majoritaires et les électeurs, sans préférence partisane affichée, que s'il devenait directement un acteur politique. Quand il en sera à pointer à 50 % dans les sondages d'opinion sur son accession possible à l'Élysée, alors on en reparlera ! Nous sommes témoins du fait que, jusqu'à ce jour, ce n'est pas l'ambition politique qui l'a animé.

Comme simple agitateur, descendre dans l'arène politique lui ferait probablement perdre beaucoup. Dans le débat d'idées d'abord : telle idée est absolument géniale tant que c'est « juste » un président de fondation qui la propose à l'ensemble de la classe politique. Si elle devient portée par le candidat Hulot, tous ses « adversaires », hier laudateurs, n'auront de cesse de la contrer, quelle que soit la pertinence de l'argument mis en avant, c'est le jeu qui veut ça.

Ensuite, et en fait ceci est lié à cela, un agitateur d'idées devenant politique passerait des rubriques « environnement » et « économie » des médias – où les journalistes sont concentrés sur le sujet, même si c'est parfois d'une manière discutable – à la rubrique « politique ». Cela a été assez spectaculaire lors de sa « fausse » candidature à la présidentielle : nous sommes alors passés de débats de fond aux couleurs des tentures de son salon et à la liste de ses amis et ennemis, mais on ne savait plus quelles étaient les propositions qu'il portait et pourquoi ! Devenir « politique » permet donc de récupérer de l'espace médiatique, mais ce n'est pas forcément du « bon » espace, nombre de journalistes politiques hésitant à poser des questions de fond sur des sujets qu'ils maîtrisent mal.

Hulot candidat aurait perdu autre chose : une partie de sa force de frappe actuelle, c'est-à-dire une partie de la fondation qu'il a créée, qui ne l'aurait pas suivi lors d'une entrée en politique, même si nous intervenons de fait dans le débat politique. Car il a réussi à créer cette espèce de chose improbable qui, pour le moment, n'appartient qu'à lui. Sa fondation a certes un pied dans la politique, mais aussi un pied dans le mouvement associatif, un pied dans le monde académique, et un pied dans le monde de l'entreprise. Dans le paysage français, il n'y a rien qui y ressemble vraiment. C'est probablement les *think tanks* de nos amis d'outre-Atlantique qui se rapprochent le plus de ce que nous sommes : un réservoir à idées. À ce titre, nous avons donc comme vocation d'être récupérés par tous !

Par les chercheurs qui l'alimentent, ce lieu emprunte beaucoup à l'université, et favorise l'examen des problèmes avant d'avoir un avis sur la solution. Ce n'est pas le cas pour une bonne partie des mouvements écologistes traditionnels, qui se sont structurés autour d'un militantisme qui n'a pas besoin de savoir en quoi précisément consiste le problème avant d'avoir un avis sur la question. Dans le Comité de veille écologique de la fondation, on trouve essentiellement des gens ayant une fonction académique (enseignants, chercheurs...) dans des disciplines scientifiques et techniques. Cette caractéristique a du reste eu un rôle central dans la création et la rédaction du Pacte écologique. D'ailleurs, si ses propositions (à la notable exception de la taxe) se sont retrouvées de manière quasi exhaustive sur la table au moment du Grenelle, c'est bien parce qu'elles procédaient d'un raisonnement construit, qui n'allait pas faire fuir d'entrée de jeu les participants « sérieux » (entreprises et syndicats). Certes, elles n'étaient pas les seules, mais celles-là étaient prêtes, et du reste le nombre de personnes qui s'y sont ralliées depuis dans la fonction publique ou les milieux économiques suggère que les propositions faites n'étaient pas si idiotes que cela.

Une autre caractéristique un peu atypique de cette fondation est d'avoir laissé une large place aux acteurs de terrain dans le monde de l'entreprise, ce qui permet d'observer les choses de l'intérieur dans cette population, et de faire des propositions qui ne présupposent pas que l'on va passer tous les capitalistes (c'est-à-dire votre plombier et votre garagiste, pour l'essentiel) par les armes avant toute chose. Gagner de l'argent en sauvant les hommes et la planète ne nous pose aucun problème moral : activité économique et maintien du capital naturel n'ont pas de raison d'être inexorablement opposés. C'est là aussi un élément de différenciation avec nombre de mouvements militants « historiques », pour qui l'argent est sale, voire diabolique. Les mouvements associatifs visibles sont rarement décomplexés en ce qui concerne les puissances de l'argent, les deux exceptions les plus visibles chez nous étant le WWF et Yann Arthus-Bertrand.

Pour en revenir à notre propos, Nicolas Hulot devenant candidat aurait eu du mal à conserver tout cet édifice patiemment construit en presque vingt ans. Passer d'un rôle de premier plan dans la vie civile à la même chose dans la vie politique est du reste une transition rarement réussie. Le plus bel exemple de cette difficulté est de Gaulle, brillant chef de guerre et « libérateur » des Français qui s'est pourtant cassé les dents quand il a cru qu'il pourrait dompter la politique de la IVe République parce qu'il avait de bonnes idées, une légitimité sans équivalent à l'époque et une vision. Il a fallu qu'une nouvelle crise survienne pour que l'on consente à lui redonner les clés du pouvoir. On pourrait aussi citer Coluche, Servan-Schreiber ou Schwartzenberg : tous, à des degrés divers, ont cru que descendre dans l'arène leur permettrait d'agir plus facilement. Au mieux ils ont récupéré un strapontin bien placé (Kouchner, Hirsch), au pire le purgatoire. On nous pardonnera de qualifier un ministère de « strapontin bien placé », mais, comme nous l'avons dit, la révolution socio-économico-environnementale se fera à l'Élysée, pas au sein d'un « simple » ministère ! Dans son livre *Le combat est une fête* [1], Roselyne Bachelot explique qu'en deux ans de mandat elle a eu deux discussions approfondies avec Jacques Chirac…

Ce qui est évident, c'est que Nicolas Hulot, avec son accès direct à tous les ténors de la vie politique ou à peu près, aide le monde politique à passer du « faut-il agir ? » au « comment agir ». Maintenant, crise aidant, le débat qui doit tous nous préoccuper est le suivant : refonder l'économie autour de la seule véritable rareté, celle des ressources physiques, et commencer à mettre en œuvre ce programme dare-dare, si nous ne voulons pas laisser à nos enfants un monde dont nous ne voudrions pas pour nous-mêmes.

1. Paris, Robert Laffont, 2006.

7
Y'a plus qu'à

> « On vous a donné le choix entre le déshonneur et la guerre ; vous avez choisi le déshonneur, et vous aurez la guerre. »
> Winston CHURCHILL, discours à la chambre des Communes lors du retour de Chamberlain, 1938.

Nous voici donc à l'heure des choix. Nous sommes à moins d'une décennie – peut-être à moins de cinq ans, et peut-être même y sommes-nous déjà – du pic de production du pétrole, qui représente 35 % de l'énergie mondiale et fixe actuellement le prix du reste de l'énergie. Si notre crainte sur les déterminants véritables de la crise financière de 2008 tient la route (la très forte hausse du prix du pétrole et la financiarisation de l'économie conjuguées), et si aucun de ces deux déterminants n'est remis en cause, il suffit d'attendre (pas très longtemps) et ça recommencera. Les émissions de CO_2 mondiales doivent commencer à baisser dans les dix ans qui viennent pour éviter le retour au Moyen Âge pour nos (petits-)enfants, et de ce fait nous avons vingt ans pour abandonner la totalité des centrales à charbon de la planète (un bon millier), ou les équiper d'un dispositif de capture et de séquestration, ce qui en pratique va consister à en reconstruire un bon paquet. Nos villes sont partiellement à démolir et il faut remettre 20% de la force de travail à la campagne. Le calendrier dicte le rythme de l'action et les grandes lignes d'un plan: il faut aller extrêmement vite et de manière extrêmement volontaire.

Tout le monde a quelque chose à faire dans ce modeste programme: vous, nous, la France et l'Europe, les Chinois, les Indiens et les Américains, le FMI et l'OMC, les industriels et les banquiers. Chacun, à son niveau, doit commencer à se mettre en ordre de bataille autour d'une vision de l'avenir où le goulet d'étranglement n'est pas dans les hommes, mais dans les ressources. Et cela change pas mal de choses!

Petit programme d'action, en treize points:

L'énergie à sa juste place en physique tu remettras

Puisque les coquillages ne sont que des coquillages, alors que l'énergie est au centre de la totalité de nos flux physiques et donc de nos activités économiques, il faut lui donner une place équivalente dans nos politiques publiques. En pratique, cela signifie que les gouvernements, la Commission européenne, l'OMC, le FMI et tutti quanti s'interdisent de faire des plans pour l'avenir sans vérifier qu'ils sont compatibles avec un approvisionnement en hydrocarbures qui baisse, ou des émissions de gaz à effet de serre qui suivent délibérément la même trajectoire. Ça n'a l'air de rien ? Voire : cela revient en fait à tout passer au crible, retraites et diplomatie incluses ! Pour commencer à gérer cela, l'une des premières choses à faire est de nommer un « conseiller technique ressources et énergie » – un énarque qui ne sait pas compter, donc – dans chaque cabinet de chaque ministère, et dans chaque DG européenne.

Son rôle serait de vérifier que les projets de loi ne sont pas complètement irréalistes au regard des limites physiques connues à ce jour. Aujourd'hui, il y a bien un conseiller économique – un énarque qui sait compter – dans la quasi-totalité des cabinets, et celui-là ne sait regarder que les coquillages, c'est-à-dire des conventions devenues inappropriées. Le profil de notre représentant du monde réel serait celui d'un ingénieur bon connaisseur des flux physiques ou d'un énarque qui aurait mal tourné et s'intéresserait aux réalités. Si l'on ne veut pas qu'il soit trop aux ordres de son ministre de tutelle, dont les sangs pourraient chauffer si notre conseiller est trop zélé et le ministre trop ignorant, on pourrait l'imaginer dépendant hiérarchiquement d'un autre ministre, ou envoyé de la Cour des comptes rebaptisée Cour du développement durable. Le dispositif peut du reste être complété avec un équivalent du Conseil d'État, qui examinera chaque projet de loi et vérifiera qu'il n'est pas antagoniste avec des émissions de gaz à effet de serre qui doivent s'orienter à la baisse. Il est d'ailleurs regrettable que la commission Balladur sur la révision de la Constitution n'ait eu cure de cette question des ressources, et n'ait pas daigné examiner quelles seraient les modifications constitutionnelles légitimes pour faire face à cette contrainte physique grandissante. Un effet de l'âge ? Même avec ces innovations, il resterait pertinent de doter le gouvernement d'un « vice-Premier ministre », qui aurait le contreseing sur les projets de loi et serait chargé de vérifier que ce qui lui est soumis au Parlement ne porte pas que sur les coquillages.

Il faut ensuite que les députés des commissions « affaires économiques » et « finances » se forment d'urgence et de manière lourde sur l'énergie, le changement climatique et les contraintes associées. Voter des lois sans savoir si elles sont physiquement réalistes n'est pas – n'est plus – sérieux et acceptable si l'on entend conduire les affaires du pays.

Enfin il faut adopter – en France et en Europe – une stratégie à trente ou quarante ans sur l'énergie, avec un volet sur la demande et un volet sur l'offre. Cette stratégie doit devenir consensuelle et aussi évidente que le financement des retraites ou l'existence d'une sécurité sociale. Il vaut mieux passer un an à la mettre au point et ne plus la changer ensuite, que de (re)faire un Grenelle *bis* en trois mois pour accoucher d'un travail superficiel (ce qui, avec un peu de recul, est hélas le cas du Grenelle 1), juste suffisant pour faire de grandes déclarations et impressionner les journalistes, mais pas en phase avec une révolution qui doit commencer demain et se terminer dans une génération.

Le volet sur la demande de ce plan est d'une simplicité biblique : d'abord réduire, ensuite réduire, enfin réduire, et s'y mettre *tout de suite*. Pour gérer la demande, il faut repartir de ce que nous appelons des besoins, et qui sont en fait un mélange de vrais besoins (respirer, se déplacer, manger, dormir, communiquer et se trouver une identité dans le groupe) et de désirs (ne pas trop travailler, avoir une formation, avoir une voiture, si possible plus grosse que celle du voisin, avoir un logement confortable, un téléphone portable, de quoi aller au cinéma de temps en temps et envoyer ses enfants à l'université, etc.). Les vrais besoins ne sont pas négociables, mais ils ne sont à l'origine que de 10 % de la consommation humaine. On peut manger des lentilles, dormir sur un simple matelas dans une chambre non chauffée, se laver avec 1 litre d'eau, remplacer les vacances au Maroc par un séjour à la campagne sous la tente, et supprimer du jour au lendemain sa consommation de bœuf. C'est du reste ce genre de transition qui a pris place en quelques mois en France en 1940. Même la médecine et l'hygiène minimales, qui permettent d'avoir une espérance de vie à la naissance de plus de 70 ans, peuvent se satisfaire avec 10 % ou 20 % des flux physiques que nous investissons aujourd'hui dans la santé. Cela ne permet probablement plus de sauver *tous* les individus qui sont malades, quels que soient leur âge et leur maladie, mais la grande majorité, oui. Et de toute façon, la prévention est énergétiquement bien plus efficace pour sauver des vies de manière globale.

Le plus souvent, là où nous disons que nous ne *pouvons* pas, il faut comprendre que nous ne *voulons* pas, ce qui est radicalement différent. Comme l'essentiel de notre consommation est dans nos désirs, il va falloir apprendre à les canaliser autrement. Il y a bien sûr ici une question d'équité : les inégalités sociales s'étant fortement accrues ces dernières années, il serait certainement injuste que la pression à la baisse aille à la même vitesse pour tous. Rien n'interdit dans notre affaire de modifier les transferts sociaux pour rendre la pilule moins amère à ceux qui sont au bas de l'échelle.

Un pan majeur du plan de sortie de crise concerne donc nos comportements. C'est là que réside la première variable d'ajustement : on va devoir se faire à l'idée d'être plus heureux avec moins, et le pouvoir politique en place doit avoir le courage de le faire comprendre sans que nous le prenions pour un discours illégitime.

Un seul exemple : est-il encore acceptable, aujourd'hui, d'autoriser la publicité dans les médias pour la voiture, l'avion, la viande rouge, sans parler du crédit à la consommation, bref pour ce qui donne envie de biens ou de services dont la démocratisation sera de plus en plus difficilement conciliable avec la contrainte ? Considération liberticide ? Pas plus que celle qui critique les pubs pour cigarettes dans la chambre d'un adolescent que l'on espère dissuader de fumer…

Pour réduire la consommation matérielle avant que ce soit elle (ou ses conséquences, plutôt !) qui nous réduise, il n'y a que deux voies : ou bien on limite par les quantités (interdictions, normalisations, quotas), ou bien on limite en faisant payer (taxes, tarifs modulés, etc.). La taxe est mieux adaptée au diffus, la limitation par les quantités aux gros consommateurs, la normalisation étant un accélérateur utile pour certaines catégories très importantes (logements et voitures par exemple) sans garantir le résultat à elle seule. Nous y revenons plus loin.

Si l'on veut faire baisser la demande, il faut souvent aussi investir. Pour un ménage, cela pourra être l'investissement dans l'isolation du logement ou dans une voiture moins consommatrice. Pour la puissance publique, ce peut être dans le financement de ces dépenses, ou la formation des acteurs qui savent faire. En matière énergétique, l'État considérait jusqu'à présent que son domaine d'intervention était dans l'augmentation de l'offre. Il est urgent qu'il intervienne désormais dans le financement, éventuellement massif, de la baisse de la demande.

Pour l'offre énergétique – car il en restera ! –, nous avons trois gros morceaux : l'électricité, la chaleur (chauffage, chaudières industrielles) et la mobilité. Dans ces trois secteurs, il faut trouver des manières de basculer aussi vite que possible sur des sources non émettrices de CO_2 fossile. Commençons par la mobilité, parce que le problème va être vite vu pour les vingt ou trente ans qui viennent : il y a probablement très peu à attendre des énergies de substitution à cette échéance, question d'ordre de grandeur. Pendant une génération, ce sont donc essentiellement les économies qui vont être à la manœuvre : il faut à la fois supprimer une partie des transports, et rendre plus léger, plus lent et moins puissant ce qui reste. Cela passe essentiellement par une normalisation drastique pour les constructeurs qui n'ont que trop traîné à se mobiliser (on voit où ça a mené General Motors de faire des « gas guzzlers », comme disent les Américains ! et on voit le succès du 4 × 4 de Renault...), et une hausse programmée du prix des carburants routiers via la taxe carbone, en aidant par des transferts appropriés (mais surtout pas en détaxant l'énergie !) la reconversion des ménages – et des professions – les plus fortement pris au dépourvu. Tout cela engendrera suffisamment d'économies pour permettre de rouler au pétrole pendant vingt ans sans déroger à la baisse rapide des émissions de CO_2. Pour après, il faudra se donner le temps de tester des tas de possibilités avant de trancher (agrocarburants à base de ceci ou cela, hybrides rechargeables, électriques, hydrocarbures liquides de synthèse produits avec du carbone de biomasse et de l'hydrogène lui-même produit avec des renouvelables ou du nucléaire, etc.).

Pour ce qui est de la production de chaleur chez les particuliers, gaz et fioul sont à remplacer par des renouvelables (essentiellement du bois, de la géothermie et du soleil) et un peu d'électricité de réseau (il faudra attendre encore longtemps pour une contribution significative du photovoltaïque), après des modifications bien plus radicales qui prendront place au préalable : déconstruction et reconstruction (car les villes vont devoir se modifier, cf. plus bas) et isolation. En fait, si la rénovation du bâti se fait à la bonne vitesse, l'énergie thermique résiduelle nécessaire chez le particulier et dans le tertiaire sera réduite à trois fois rien, et la substitution par les renouvelables sera grandement facilitée. Conseil d'ami : ne changez pas vos installations de chauffage ou de chauffe-eau avant d'avoir bien réfléchi à la localisation de votre logement et à son isolation.

Pour l'électricité, le plus gros potentiel d'économie de CO_2 à vingt ou trente ans réside dans la capture et la séquestration dans les centrales à charbon existantes, et le déploiement du nucléaire là où il ne pose pas de problème majeur de mise en œuvre, l'hydraulique étant également encore largement exploitable dans le monde (mais très peu en Europe). Quoi, pas d'éolien ? Non, pas d'éolien dans notre crash programme : en Europe, modifier toutes les centrales à charbon en vingt ans avec de la capture et de la séquestration pour qu'il n'y ait plus de CO_2 relâché dans l'air va coûter cher, mais beaucoup moins que de tout remplacer par des éoliennes, avec les dispositifs de stockage de l'électricité associés. Dans le même esprit, le nucléaire continuera à coûter moins cher que l'éolien, n'en déplaise à certains écologistes, pour des raisons physiques (l'énergie nucléaire étant physiquement plus concentrée, il faut moins de travail humain – donc payer moins cher – pour en tirer 1 kWh, même s'il faut aussi prendre plus de précautions). Et comme nous plaidons pour la limitation de la consommation avant toute chose, nous ne rêvons pas d'installer des millions d'EPR : en Europe, les calculs montrent que quelques dizaines de centrales supplémentaires (à quatre réacteurs par centrale) seraient largement suffisantes pour remplacer une partie des centrales à charbon en fin de vie, et électrifier des usages aujourd'hui assurés par des combustibles fossiles (exemple typique : remplacer une chaudière à mazout ou à gaz par une pompe à chaleur, une voiture normale par une hybride rechargeable). Il faut juste, dans le même temps, mettre la pression sur les usages existants de l'électricité pour faire des tas d'économies, et donc commencer par la hausse de son prix. Redisons-le ici : le maintien d'un tarif administré artificiellement bas n'est vraiment pas une bonne idée dans ce contexte. Si la question est celle de l'injustice sociale, fort légitime au demeurant, la bonne solution passe par un transfert ou une aide « ailleurs », mais sûrement pas par une subvention directe à la consommation d'énergie, ce qui est le cas avec un tarif artificiellement bas.

Par ailleurs, mettre le paquet à bref délai sur ce qui est technologiquement mature et porte sur les bons ordres de grandeur n'interdit pas de réfléchir à ce que nous ferons après, ni d'aider des voisins plus favorisés par la nature à faire différemment de chez nous. Il n'y a pas une solution unique pour tous ! Au sud de la Méditerranée, par exemple, il faut investir – et aider nos amis à investir – dans l'exploitation de l'insolation des déserts, et des alizés qui soufflent quatre mille à cinq mille heures par an au sud du Maroc. Un couplage du vent avec des stations de pompage ou une ligne très haute tension vers l'Europe est dans le cas présent quelque chose à regarder de bien plus près qu'une centrale nucléaire.

Pour la capture et la séquestration du CO_2, c'est très simple : il faut que l'Europe impose que *dès maintenant* on ne construise plus une unité nouvelle sans ce dispositif, et que dans quinze ans toutes les centrales existantes à charbon en soient équipées ou soient détruites et reconstruites « proprement » ailleurs. Cela augmentera le prix de l'électricité pour le consommateur ? C'est dans l'ordre normal des choses, nous l'avons assez dit ! Et gardons-nous de trop tergiverser: les Américains ont annulé 67 projets de centrales à charbon sur 150 depuis 2002, et en ont bloqué 65 autres. La séquestration est dans l'agenda de Barack Obama, qui par ailleurs va probablement prendre des initiatives majeures pour l'économie « verte ». Ce pays est parfaitement capable, dans l'esprit de la conquête de la Lune, d'imposer ce genre de chose à ses électriciens en un rien de temps, moyennant quoi c'est l'industrie américaine et non l'industrie européenne qui tirera les marrons du feu quand il s'agira d'équiper toutes les centrales à charbon du monde.

L'agriculture consomme essentiellement de l'énergie pour le machinisme et le séchage. Le séchage, avant il y avait le soleil pour ça. Comme à la campagne il y a généralement un peu de place, on peut facilement revenir au solaire pour cette fonction; il suffit de construire les séchoirs en conséquence. Il faut également supprimer les serres chauffées, accepter de manger des tomates en juillet et non en décembre, et d'offrir à sa belle des chrysanthèmes et non des roses en novembre; on y survivra. Les agriculteurs qui vivent de ces serres trouveront sans difficultés un débouché dans une agriculture moins énergivore. Et il est préférable de traiter cette question à froid, plutôt que dans la crise, quand il sera trop tard pour trouver des solutions acceptables. Pour le machinisme, réserver 5 % des surfaces à la production de colza permet de sortir le pétrole de l'agriculture, et cela sans parler de la diminution possible de la puissance du tracteur, ce qui irait de pair avec la réinjection de un ou plusieurs millions de paires de bras dans le secteur.

Les grandes lignes d'une politique sont désormais assez faciles à tracer. Il reste juste à ne pas confondre les perdants d'aujourd'hui avec la totalité de la population, comprendre que nous n'aurons pas le monde merveilleux mais le moins mauvais, comprendre aussi que chaque mois qui passe sans rien faire se paiera cher, et à foncer, enfin.

L'énergie et non le travail tu taxeras

Au niveau des États – faut-il le répéter ? –, la mère de toutes les mesures est de basculer la fiscalité du travail vers les ressources en général, et l'énergie en particulier, puisque cette dernière commande la force de transformation des ressources par les hommes. Finalement, le choix est simple : ou bien nous sommes contre les impôts par principe, et il faut accepter la jungle sans puissance publique ; ou bien nous ne sommes pas contre des impôts, et il faut juste choisir les bons et au bon niveau. Les bons, aujourd'hui, concernent l'énergie et non le travail, les ressources et non les coquillages, quel que soit le niveau de prélèvements obligatoires souhaitable par ailleurs. Ce niveau de prélèvement n'est d'ailleurs jamais « bon » ou « mauvais » dans l'absolu. Il permet, ou ne permet pas, de réaliser un projet de société, au prix d'une contribution donnée des citoyens, c'est tout ! Un tel basculement n'a donc aucune raison de signifier nécessairement la hausse ou la baisse des prélèvements obligatoires, lesquels sont de toute façon considérablement moins indolores que la grosse panade qu'ils permettent d'éviter.

Et si les autres ne font rien ? Nous avions déjà largement développé dans *Le plein s'il vous plaît !* toutes les raisons pour lesquelles cela ne change pas grand-chose dans un pays – la France – qui importe 99 % de son pétrole et 97 % de son gaz. La première est que la hausse future des prix de marché est d'autant plus inexorable que les autres ne font rien. La prime d'assurance que représente une taxe préventive, laquelle permet de recycler la rente pétrolière et gazière en France au lieu de la laisser partir ailleurs, est la plus pertinente des réponses que nous puissions apporter. Même au niveau de l'Union européenne, nous ne produisons que 30 % de notre pétrole (notre taux de couverture était de 45 % il y a huit ans, car notre production vient à 95 % de la mer du Nord, où le déclin est désormais de 8 % à 10 % par an). Nous ne produisons « que » 60 % de notre gaz (et là aussi 85 % vient de la mer du Nord, qui va prochainement atteindre son pic puis décliner). Il faut donc payer maintenant – et perdre un peu maintenant, de compétitivité, de consommation, etc. – pour beaucoup moins perdre demain : la démocratie, l'espérance de vie, etc.

L'inclusion de cette taxe dans les échanges mondiaux ne pose pas de problème de principe : il suffit de la traiter comme une TVA, c'est-à-dire de la rendre transparente aux frontières. La seule difficulté pratique est que, sur certains produits, il sera difficile de savoir quel est le « carbone ajouté » lié au pays d'origine, mais nous ne voyons pas là une raison suffisante pour rester les bras croisés, vu les risques de l'immobilisme. Si un pays ronchonne devant la juridiction de l'OMC, on verra comment réagit cette dernière. Encore une fois, nous n'avons plus le temps d'attendre.

Au surplus, pour une partie des entreprises européennes, l'affaire est déjà tranchée. Il s'agit de toutes celles qui sont concernées par la directive européenne sur les permis d'émissions de CO_2, c'est-à-dire toutes les entreprises à qui l'Union limite administrativement les émissions autorisées, en leur attribuant des quotas (échangeables ensuite). Là, comme le dispositif existe, cela n'aurait pas de sens de le défaire pour le remplacer par une bonne vieille taxe. Ce qu'il faut, c'est perfectionner le système pour le rapprocher le plus possible d'une vraie taxe. Cela signifie en pratique baisser graduellement les niveaux d'émissions autorisés, augmenter graduellement la fraction de ces quotas alloués aux enchères, et augmenter les durées d'engagement. Le paquet « énergie-climat » actuellement proposé par la Commission répond déjà pour partie à ce souhait : dès 2013, 100 % des quotas alloués aux électriciens seront mis aux enchères pour presque tous les pays, et le maximum négociable le sera pour les autres assujettis, avec une durée d'engagement qui passerait à huit ans (alors que les périodes précédentes avaient des durées de trois et cinq ans). Mais faire passer la période d'engagement à quinze ou vingt ans (durée de vie de la majorité des installations industrielles, et c'est sur cette durée que s'apprécie parfois le retour sur investissement) permettrait d'obtenir un effort supplémentaire de la part des industriels. Le maître mot, pour la majorité des industriels, c'est « visibilité ». Plus on planifie sur une durée longue, plus ils acceptent de contraintes.

Les villes à la campagne tu remettras (pour partie)

Qu'est-ce qu'une ville ? C'est évident : une ville, c'est là où les gens habitent. Certes, mais ils y habitent pour quoi ? Eh bien, tout simplement parce que le travail et un certain nombre de services (santé, éducation, justice, etc.) se trouvent là et pas ailleurs. Et si les services sont disponibles pour les habitants, c'est que cela correspond à des emplois occupés par des hommes. De fait, l'essentiel des actifs occupe désormais une fonction dite tertiaire, c'est-à-dire participant non à la production mais – en gros – aux échanges : commerce, transport, administration et services. Ces emplois tertiaires étant essentiellement en ville, il est logique que l'on ait – en France comme dans tous les pays occidentaux – à la fois 70 % d'emplois dans le tertiaire et 80 % de la population en ville. Pour être honnête, il faut rappeler que, dans un certain nombre de cas, c'est juste une bizarrerie de la nomenclature qui conduit à classer en activités tertiaires des sociétés qui sont en réalité industrielles quand on se donne la peine de regarder les flux physiques maniés. Un exemple parmi d'autres : le téléphone. Pour faire un réseau, il faut ouvrir et creuser des tranchées ou installer des pylônes et des antennes partout, fabriquer des équipements – dont les téléphones – avec force minerais et combustibles fossiles, transporter tout ça d'un bout à l'autre de la planète, et produire de l'électricité (40 % au charbon et 20 % au gaz pour l'ensemble de la planète, on rappelle !) pour alimenter le tout. Le résultat est que 1 euro de téléphone dématérialisé est plus « riche en carbone » que 1 euro de livre, par exemple. Ah, la belle dématérialisation, qui en fait n'existe que dans les discours des politiques et des économistes qui ne regardent que les coquillages !

Plus généralement, un examen attentif de la situation montre que la tertiarisation de l'économie est la marque des sociétés énergivores, et pas du tout des sociétés dématérialisées. Deux arguments rapides pour s'en convaincre : il n'y a pas une armée d'employés de bureau au Mali ou au Bangladesh, sociétés à très faible consommation d'énergie ; par ailleurs, attribuer 70 % de la force de travail à l'échange et à l'administration d'une production matérielle qui a elle-même crû n'est possible que si cette production est assurée par des machines, avec force énergie à la clé.

Dans le même ordre d'idées, la vie en ville augmente le PIB à consommation matérielle constante, et c'est peut-être là l'une des explications du fait que le PIB par habitant augmente parallèlement à la concentration urbaine ! En effet, l'urbanisation oblige à acquérir l'intégralité de ce que nous consommons de manière marchande, puisque rien de matériel n'est produit sur place, alors qu'à la campagne une partie peut être obtenue de manière non marchande, c'est-à-dire sans payer quelqu'un d'autre pour cela. Il en va ainsi pour la nourriture (avec le potager ou celui du voisin, qui vous donne ses légumes contre la garde de la petite dernière sans facture), les loisirs avec nombre de sports de plein air qui coûtent moins cher que l'abonnement au club de gym ou de tennis, l'énergie avec le bois ramassé sur place – ou le soleil qui évite le sèche-linge, etc. En outre, la vie en ville nécessite du transport longue distance (pour l'acheminement de ce qui est consommé sur place), favorise les échanges commerciaux (sa raison d'être), et donc incite probablement à la croissance de la consommation matérielle de ce qui est produit « ailleurs » (on est à la mode à la ville et pas à la campagne). Elle permet en revanche d'économiser du chauffage à surface identique (car un immeuble a moins de surface de contact avec l'extérieur par mètre carré habitable qu'une maison), et permet aussi d'économiser de l'énergie dans les déplacements quotidiens... pour autant que l'on soit dans la ville dense. Car ces deux avantages (sur le logement et les déplacements quotidiens) disparaissent en banlieue, où se cumulent tous les handicaps énergétiques : concentration d'emplois tertiaires fortement dépendants de l'énergie abondante, déplacements en modes collectifs rendus difficiles ou impossibles par la faible densité urbaine (aucun opérateur de transports en commun ne sait faire du bus efficace à moins de 20 habitants par hectare), et logements individuels plus grands et davantage consommateurs d'énergie.

Dans un monde où l'énergie se met à coûter structurellement de plus en plus cher, ce qui est indispensable pour résoudre les problèmes rapidement rappelés au chapitre 1, il y aura moins d'emplois tertiaires, et de plus en plus besoin de bras dans l'agriculture, l'artisanat, et les métiers techniques de tout niveau. Une large partie de ces emplois seront « près des ressources » (minerais, océan, sols, forêts) qui ne se trouvent pas vraiment en ville. Les individus qui occuperont ces emplois n'auront plus de raison d'y habiter. Ensuite, pour les banlieusards et « rurbains », se déplacer avec la même voiture va coûter plus cher, tout comme maintenir le confort thermique d'une même maison. Que deviennent nos villes étalées dans tout cela ? Si nous ne faisons rien, un drame social : il y aura moins de travail (et le travail restant en centre-ville sera plutôt confié à ceux qui sont sur place et viennent à pied, et non aux banlieusards motorisés qui auront besoin d'être payés plus cher pour assumer le coût de transport), plus de charges, un patrimoine dévalué (qui vous achètera une maison dans une région où il n'y a pas d'emplois, de moins en moins de services à proximité, et l'impossibilité d'avoir assez d'espace pour retourner sur de l'autoproduction ?), un risque de disparition d'un certain nombre de services marchands par suite de la paupérisation de la population (commerces notamment), ce qui fera baisser la valeur du patrimoine encore plus vite, etc. On laisse la fin de l'histoire à votre imagination, mais cela risque de ne pas être exactement comme dans un conte de fées.

Si nous nous y mettons vraiment, il s'agit entre autres de faire disparaître purement et simplement une partie des logements des banlieues étalées actuelles, avant qu'ils ne deviennent un enfer. Quoi, casser ce que nous avons construit pendant les quarante dernières années ? En partie, oui. Après tout, ce n'est qu'une question de rythme ! Et pour les mettre où, s'il vous plaît ? Ben, là où il y aura du travail quand on se rendra compte que les coquillages c'est juste des coquillages, c'est-à-dire là où il faudra gérer des ressources. Et ces dernières sont... à la campagne : terres, biomasse, mines, littoral, etc. Pour le moment nous n'avons pas d'idée précise du rythme auquel il va falloir mener ce chantier, mais voilà un chantier à ouvrir rapidement en ce qui concerne l'aménagement du territoire, une discipline qui n'en peut plus de se croupionniser en France depuis vingt ans au moins.

Vous avez dit *aménagement du territoire* ? Ce dernier s'est fait, durant un siècle, à l'opposé de ce qu'il faut faire pour avoir un pays sobre en énergie, et c'était logique puisque l'énergie coûtait de moins en moins cher. Cela concerne bien sûr la concentration urbaine et l'étalement urbain conjoint, mais pas seulement. Nous avons privilégié les infrastructures pour automobiles, dont l'efficacité énergétique par passager au kilomètre est la plus faible de tous les modes terrestres, et non le chemin de fer et les pistes cyclables. Nous avons construit des unités industrielles et commerciales de plus en plus grandes, et de plus en plus spécialisées, sans stocks et avec du flux tendu. Il existe maintenant beaucoup d'usines de quelques centaines ou milliers de personnes n'assurant qu'une petite étape de la production d'un produit manufacturé, avec juste deux jours de stock, avant qu'un site tout aussi spécialisé, situé parfois à des milliers de kilomètres, n'embraye sur l'étape suivante. Qu'il est loin le temps où un atelier de quelques dizaines de personnes, qui fabriquait certes des produits bien moins sophistiqués, pouvait fonctionner quinze jours à un mois sur son stock, et assurait le montage complet d'un produit donné à partir de composants élémentaires ! C'était du reste souvent ce même endroit qui réparait ce qui ne fonctionnait plus, alors qu'il est probable qu'une large fraction des jeunes de moins de 20 ans ne savent même pas qu'il fut un temps où un téléphone se réparait… ce qui consomme de la main-d'œuvre et peu d'énergie. Nous avons mondialisé l'économie, puisque l'énergie ne coûte rien et que le travail coûte, ce qui permet de compenser n'importe quel différentiel de salaire par n'importe quel segment de transport, ou à peu près. Le territoire et surtout les infrastructures que nous avons construites dessus ont été adaptés partout à de l'énergie de moins en moins chère, avec des unités en nombre de plus en plus réduit et desservant des zones de plus en plus larges. C'est valable pour les commerces, les bassins d'emploi, les établissements d'enseignement, les établissements de soins, les gares, bref : tout !

Et tout cela ne résistera pas à une énergie de plus en plus chère. Des logements vont se retrouver en dehors des bassins d'emploi. Des commerces vont voir leur zone de chalandise se contracter. L'État va devoir gérer les plaintes des familles quand un proche hospitalisé dans un établissement lointain ne pourra plus être visité facilement à cause du transport et du logement trop chers. Des usines vont aussi perdre une partie de leur zone de chalandise – et donc de leurs emplois à revenus constants, l'autre alternative étant bien sûr de baisser ces derniers, ce qui va se passer dans un certain nombre de cas de figure. Bref, un territoire ne se gérera pas du tout de la même manière quand surviendra la contrainte énergétique, et cette transition peut se passer correctement si on a le temps pour soi, un peu plus difficilement si on est obligé de tout gérer en « crash programme », et très mal si, même en crash programme, on ne peut pas tout faire, notamment faute d'énergie… À ce moment, ceux qui habitent le territoire en question perdront beaucoup et, s'ils sont trop nombreux, ils commenceront à avoir très fortement envie de remplacer le dirigeant du moment par quelqu'un de beaucoup moins sympathique.

Espérons que nous n'en viendrons pas là, et qu'il faudra juste détruire et reconstruire. Chic, vont se dire les constructeurs. Maintenant que l'on nous a payés pour concentrer tout le monde, on va nous payer pour tout casser et tout déconcentrer. Pourquoi pas ? Rebattre les cartes va faire des gagnants et des perdants partout, et heureusement qu'il y aura des gagnants, sinon préserver l'avenir n'intéressera personne.

Mais détruire et reconstruire ne vont pas consommer de l'énergie et émettre plein de CO_2 ? Bien sûr que si, sauf que les calculs montrent qu'en la matière les émissions de CO_2 liées à la destruction et à la reconstruction sont marginales (10 à 20 %, voire moins) par rapport à celles qu'on économise par une relocalisation intelligente (doublée d'une isolation non moins intelligente et plus facile à faire dans le neuf que dans l'ancien). Dans cette vision de l'urbanisme de l'avenir, nous devons tenir compte d'une baisse aussi rapide que possible du besoin de monter en voiture. Actuellement, il y a une voiture pour deux habitants en France, or la planète n'est pas assez riche pour une voiture pour quatre habitants, niveau que nous aurions chez nous en « durable et équitable ». Il faut enlever au moins une voiture sur deux dans le pays, sans compter la très forte réduction de la puissance, de la masse et de la vitesse des véhicules résiduels. Moins de voitures, cela suppose de rapprocher la population de là où elle a des « choses à faire » : alimentation, travail, loisirs, socialisation de base, santé. Soit dit en passant, cela signifie que fermer les petits établissements de soins (petites cliniques et hôpitaux, centres médicaux, pharmacie, laboratoires d'analyses médicales...) pour des raisons de coquillages est anti-sobriété énergétique. C'est merveilleux comme la physique simplifie les grilles de lecture ! Nous allons donc revenir à l'urbanisation d'il y a un siècle : des villes nombreuses, denses, mais petites, ayant chacune une zone d'influence et d'échanges plus petite, et un milieu rural qui va se repeupler. Il va corrélativement falloir supprimer, purement et simplement, une partie des banlieues pavillonnaires que nous avons créées dans les quarante dernières années. Le coût sera nécessairement supporté par la collectivité, qui devra prendre en charge ce chantier titanesque.

Comme il faut toucher à l'urbanisme pour durablement baisser les flux de mobilité motorisée, cela ne va pas aller très vite, même en version stalinienne. Par contre, la consommation individuelle des voitures peut baisser très vite, dès lors que nous mettons rapidement en circulation des voitures de 500 kg maximum, 100 km/h de vitesse de pointe, et sans équipements sophistiqués. La Logan en version *low-fuel*, quoi... Il en restera qui ne pourront pas se les offrir, car même des 2 CV il n'y en aura pas éternellement pour tout le monde. Alors ils feront du covoiturage, version moderne du stop ! Ils s'arrangeront avec le voisin – qui se lèvera une heure plus tôt ! (ou eux, du reste) –, se mettront en colocation, ou squatteront une chambre en ville chez le cousin Pierre Paul Jacques, et finiront par se trouver un job sans voiture ou s'achèteront un vélo. « Je ne peux pas », encore une fois, c'est dans 99,99 % des cas « je ne veux pas ». « Je ne veux pas », c'est acceptable quand il n'y a pas d'enjeu. Là, ce n'est pas exactement le cas… Il va falloir accepter la fin de sa bulle à soi. Si c'est le prix à payer pour la paix, est-ce trop cher payé ?

La mobilité longue distance est pour le coup un problème plus facile, car non lié à l'urbanisme, et il se gérera donc plus vite. Les motifs de déplacement y sont rarement liés à des urgences absolues. Il y a d'une part les loisirs, et d'autre part les motifs professionnels (commerciaux de toute nature, et le fruit de la réunionnite dans les grandes entreprises). Une large part de ces déplacements peut être supprimée sans mettre en danger la vie de quiconque, ni même l'existence d'un commerce. Par contre, en même temps que le transport aérien, quelques secteurs particuliers vont devoir subir un régime amaigrissant : hôtellerie et restauration pour touristes lointains, clubs de vacances sous les tropiques, et… fournisseurs de plateaux-repas à bord des avions !

C'est désagréable ? Peut-être. Ne rien faire le sera encore plus, et ce dans moins d'une génération : choisis ton camp, camarade. Que peut-on facilement conserver ? Le train, une partie de la voiture, les bus. Vont disparaître le transport aérien de masse et l'autre partie de la voiture. Même pour le train, le déplacement va se mettre à coûter plus cher, puisqu'il y aura plus de demande. Par ailleurs, il ne faut pas s'imaginer que l'on change de système à flux constants. Les flux vont baisser, parce que les voyages payés par les entreprises vont baisser, parce que l'accès à la voiture va se restreindre, et parce que l'accès à la mobilité longue distance pour les particuliers va baisser. Bonne nouvelle : ce que nous venons de décrire, c'est des millions d'emplois. En effet, tout casser et tout reconstruire, pas de la même manière et pas pour faire la même chose, qu'y a-t-il de mieux pour créer des emplois ? Le plus important, dans cette affaire, c'est que les gens qui avaient une chambre à coucher de 15 m^2 et un emploi se retrouvent avec une chambre à coucher de 15 m^2 et un emploi. Le reste, c'est juste un problème de coquillages.

Tes logements douillets tu rendras

Les bâtiments restants (ceux qui ne passeront pas à l'as dans la refonte de l'urbanisme) devront faire l'objet d'une rénovation thermique lourde et d'une limitation de leur consommation électrique, frigos, congélateurs et ascenseurs inclus. Les bâtiments, en France, c'est 40 % de la consommation d'énergie du pays (et 25 % des émissions de CO_2, car l'électricité est peu émissive). Les mesures à mettre en œuvre sont connues de tous les spécialistes depuis un certain temps déjà. Que rien de significatif ne soit prévu pour cela dans la version actuelle (novembre 2008) de la loi « Grenelle 2 » prêterait donc à rire, si le sujet n'était aussi lourd de conséquences. Pour les particuliers, le dispositif à mettre en place comportera tout d'abord une obligation de rénovation thermique lourde lors de la vente de son logement s'il est propriétaire (faire des travaux est facile quand le logement est vide). Pour le locataire, c'est son départ qui sonnera le moment de faire les travaux en question. Enfin, une bonne partie des logements étant des appartements en copropriété, il faut compléter le dispositif par une obligation concernant les parties communes des copropriétés (toit par exemple). Une obligation de ravalement thermique peut se copier sur celle du ravalement de façade, qui est passée dans les mœurs.

Même si le volume de transactions se tasse en période de récession (et il va se tasser), cela fait déjà un flux conséquent sur lequel se faire la main. Pour que le brave particulier obligé par la loi ne soit pas sacrifié sur l'autel de la bien-pensance écologique tant qu'il a trois sous à investir dans l'affaire, il faut que l'État oblige les organisations professionnelles à mettre en place des formations à vitesse accélérée pour les artisans du bâtiment afin de proposer des prestations de qualité. Le but du jeu est de faire apparaître, en quelques années (oui oui, en quelques années !), quelques dizaines de milliers d'entrepreneurs généraux en rénovation, l'artisan qui sur un coup de fil déboule chez vous et vous explique qu'il va faire ceci à tel endroit, cela à tel autre, que ça va vous faire gagner tant de kilowattheures et que ça vous coûtera tant d'euros. Incidemment, notons que, si le particulier peu fortuné est obligé de faire, cela fera baisser les prix.

Si, au contraire, on subventionne ce genre de rénovation tant qu'il reste quelques euros dans les caisses de l'État, avec une filière que l'on n'a pas forcée à s'organiser, et donc des offres en petit nombre, cela conduit, par effet d'aubaine, les entrepreneurs à monter leurs prix. C'est particulièrement spectaculaire dans le solaire, où le prix des équipements varie fortement d'un pays à l'autre en fonction du niveau des subventions ! Les subventions, que nous plaçons toujours au firmament des mesures à prendre, ne profitent pas toujours à celui qu'on croit.

Jusqu'à l'année dernière, « on » vous expliquait que ces braves gens n'avaient pas le temps d'aller se former, à cause d'un carnet de commandes trop plein. Nous suggérons qu'ils n'aient que modérément le choix. Dans dix à vingt ans, de toute façon, ils nous diront merci, car une partie de la construction neuve et de la rénovation classique aura fortement piqué du nez, et savoir faire de la rénovation de manière correcte et à prix raisonnable sera plutôt l'assurance d'un business régulier, car la contrainte énergétique n'aura pas disparu. La négociation avec la profession sera en outre rendue plus facile par la crise actuelle : cette dernière va donner un peu d'air dans le carnet de commandes ! Le premier maillon de la chaîne est évidemment de former les formateurs, mais quelques personnes très motivées et compétentes dans le pays (il y en a) peuvent le faire. Elles seraient sûrement ravies de participer à cet effort de guerre d'un genre particulier pourvu que l'audience (et accessoirement un peu d'argent, il faut bien vivre) soit là.

Il reste à garantir les matériaux (mais ça peut se faire ;

les acteurs de la filière y travaillent depuis longtemps déjà) et à financer tout cela. C'est là que le banquier est mis à contribution (il peut bien faire ça, contre les quelques centaines de milliards qu'on vient de lui prêter, pour lui sauver la peau qu'il a lui-même mise en danger, non ?). Il prêtera à l'acquéreur le financement des travaux, lequel acquéreur paiera moins cher de remboursement s'il fait les travaux que d'énergie s'il ne fait rien. L'État peut éventuellement garantir ce gain en bonifiant les taux, si le prix de l'énergie n'est pas assez haut pour que l'acquéreur gagne à coup sûr en faisant les travaux. L'essentiel dans cette affaire est que tout le monde soit face non à une option, mais à une obligation. L'« écoPTZ [1] » dont se gargarise notre gouvernement laisse l'initiative au particulier : il ne permettra pas d'enclencher la réaction en chaîne nécessaire dans les bons délais.

Un deuxième dossier assez facile à traiter concerne les HLM. Pour une large partie de ces immeubles, il s'agit de bâtiments édifiés pendant la reconstruction, sans caractère architectural particulier, et où c'est techniquement le plus facile : si nous simplifions à peine, on arrive, on échafaude, on enveloppe tout dans un gros cocon, et le tour est presque joué. Une autre variante consiste à tout casser et à tout reconstruire, ce qui est plus délicat pour le traitement des familles installées mais peut se faire quand même. Cette catégorie d'opérations sera plutôt pour les

1. Prêt à taux zéro écologique pour l'énergie et l'environnement, pouvant atteindre les 30 000 euros, qui devrait voir le jour en 2009.

entreprises du bâtiment d'une certaine taille, donc non concurrentes des artisans. C'est même le chantier sur lequel on peut démarrer le plus vite. Et le bénéfice sur la baisse des charges permet de monter les loyers tout en diminuant le coût global: tout cela reste une bonne affaire. Il faut juste que l'État y mette les moyens qu'il croit ne pas avoir, et ce n'est à nouveau qu'un problème de coquillages. En fait, le coût de fonctionnement sur vingt ou trente ans sera bien inférieur avec rénovation que sans, même en incluant le prix de la rénovation ! Pour le tertiaire, c'est *bis repetita* : les cessions offrent un moment idéal pour faire ce genre de travaux, même si le cahier des charges est de trouver des moyens de procéder à cette rénovation sans nécessairement attendre que tous les occupants soient partis.

Dans tout cela, il y aura des ratés au début ? Bien sûr que oui. Faut-il ne rien faire pour autant ? Bien sûr que non. Ce que nous proposons sera probablement moins difficile que d'aller sur la Lune. Mettre en route ce genre de dispositif, cela suppose surtout pour le décideur politique de ne plus être terrorisé à l'idée de dire la vérité à son électeur, et de savoir lui parler un langage lucide et courageux. Parions que l'électeur, qui n'est pas toujours un imbécile, lui en saura gré cette fois-ci.

Sur l'accélérateur avec parcimonie tu appuieras

À quoi sert une auto ? À trois choses: d'abord à déplacer une ou plusieurs personnes, avec éventuellement un peu de fret, d'un point à un autre. C'est souvent la seule chose prise en considération lorsque des planificateurs se penchent sur les possibilités de substitution par les transports en commun, ce en quoi ils font tous la même erreur. Car une auto, cela sert aussi à rester dans sa bulle pendant ce trajet, avec ses odeurs à soi, sa radio à soi, son téléphone à soi – même si c'est interdit, l'illusion que la vitesse du déplacement ne dépend que de l'envie que l'on en a, bref : une voiture c'est aussi une pièce supplémentaire du logement, sauf que c'est sur roues. Comme chez soi, on échappe à la pluie, aux conséquences olfactives des dessous de bras du voisin, aux contraintes d'horaire, à ces p… de grèves à répétition (qui font cependant perdre beaucoup moins de temps dans l'année que les embouteillages !), et on a la même illusion de sécurité pour ses enfants (aussi fausse dans les deux cas, puisque les accidents domestiques sont une source importante de décès, tout comme les accidents de la circulation). Il n'empêche que, tant que les ménages ont la possibilité de se payer une voiture, ils le font. La dernière chose à laquelle sert une voiture, c'est de montrer partout à l'extérieur de chez soi que l'on a les moyens de s'en payer une. Sans ce dernier élément, BMW et Mercedes feraient faillite.

Que vaut la vie de nos enfants quand ils seront grands dans cette affaire ? Pour le moment, rien. Le bon compromis pour conserver un peu de mobilité individuelle, quand même bien agréable, sans priver nos enfants de la paix et du bonheur, est simple : il faut imposer sans attendre un niveau très bas d'émissions par kilomètre pour 2015 ou 2020, disons 50 grammes de CO_2 au kilomètre.

Quoi, 50 grammes, quand la moyenne est actuellement à 140 ? Oui, 50. En cinq ans (de 1939 à 1944), les industriels américains ont arrêté de faire des voitures et se sont mis à faire des avions. Et pas 3 avions : ils sont passés de 150 par an avant guerre à près de 100 000 en 1944 ! Quand on veut, on peut…

Les constructeurs vont râler ? Qu'ils râlent, et dans quinze ans, et même un peu avant, ils nous diront merci de les avoir protégés (contre eux-mêmes) par des mesures qui permettront leur survie. Provocation ? Voire : peu de CO_2 au kilomètre, c'est exactement la même chose que peu de carburant au km. L'alternative, c'est le sort actuel des constructeurs américains, qui fabriquent des voitures consommant 10 à 15 litres aux 100 pour un marché qui n'a jamais été habitué à l'énergie chère. Lorsque la hausse du prix du pétrole arrive de manière subite entre 2002 et 2008, on enregistre des –30 % à –40 % dans les ventes (les ventes de General Motors aux États-Unis ont chuté quasiment de moitié d'octobre 2007 à octobre 2008), et ce avant même que les effets de la crise financière, qui doit elle aussi probablement pas mal au prix du baril, ne se fassent sentir à plein. A contrario, si les constructeurs français sont devenus les champions du monde des petits moteurs Diesel, c'est le résultat de quarante ans de politique fiscale des carburants en France. Et dans le monde de demain, consommer 6 litres aux 100 pour une voiture, cela sera comme consommer 20 litres aux 100 aujourd'hui : l'assurance de la faillite pour son constructeur. Contraindre les constructeurs va les égratigner un peu, mais leur permettre de sauver leur peau *in fine* : les entreprises n'innovent que sous la contrainte, pour reprendre une citation d'un patron du CAC 40 de nos connaissances.

Rappelons que le bien collectif n'est pas réductible à celui des constructeurs de voitures, de leurs actionnaires, patrons, consommateurs ou banquiers. Ne confondons pas intérêt général et arbitrage entre lobbies. C'est donc sans tergiverser que l'Europe doit normaliser à la baisse les émissions unitaires de manière considérablement plus rapide que ce qui est prévu aujourd'hui. Moyennant quoi, nous conserverons une caisse fermée sur quatre roues pour beaucoup (pas pour tous les conducteurs d'aujourd'hui, mais pour une grande partie), qui ira moins vite, pèsera moins lourd et offrira moins de confort, mais continuera à assurer toutes les fonctions citées plus haut : indépendance, bulle personnelle, transport d'un peu de fret et tutti quanti. L'alternative n'est pas le monde merveilleux et les bénéfices croissants pour l'actionnaire. L'alternative, c'est la faillite pour le constructeur et ses sous-traitants, du chômage pour leurs ouvriers si tout va bien, ou la faillite pour une large fraction de la société à l'occasion d'une crise systémique. Un seul chiffre : les emplois induits par General Motors se montent à environ 3 millions...

Nous sommes révolutionnaires ? Nous ne sommes pas les seuls : un grand partisan d'un durcissement très fort de la contrainte est un des plus gros fournisseurs des constructeurs eux-mêmes, à savoir le PDG de Valeo. Son discours consiste aussi à dire que mettre la pression maintenant rendra l'industrie européenne performante et compétitive demain, et garantira sa survie. Cela signifie que c'est techniquement possible, et que ce n'est qu'une question de prix. Mieux vaut rouler en 2 CV des temps modernes (que la technologie nous permettrait probablement de refaire avec des consommations avoisinant 1 litre aux 100) dans un pays mobilisé par un grand projet positif que de s'accrocher à la fable selon laquelle 30 millions de Français vont continuer à rouler en voiture d'une tonne et de 60 CV. Nos amis allemands sont de vrais écolos ? Qu'ils arrêtent de soutenir des constructeurs (et des électriciens, si on se rappelle notre propos sur le charbon) qui sont les fossoyeurs de la paix, avant de devenir les fossoyeurs de leurs propres emplois !

Quid de l'avion et du train dans cette affaire ? Commençons par le plus facile : l'avion. C'est facile parce qu'il suffit d'accompagner une baisse qui va largement arriver toute seule, même si nous ne taxons pas rapidement le kérosène, ce qu'il faudrait faire en plus, quoi qu'il en soit. D'entrée de jeu, on comprend facilement que continuer à financer des capacités aéroportuaires aux frais du contribuable en pensant que le trafic va croître est une faute de gestion qui n'est que le fruit de l'ignorance des élus et des dirigeants de chambres de commerce et d'industrie sur l'avenir des hydrocarbures. Bloquer ces projets sans avenir, c'est à la fois économiser nos impôts (pas idiot, par les temps qui courent) et empêcher les acteurs privés voisins d'investir dans des projets qui ne se réaliseront pas, et de promettre des emplois qui n'arriveront pas. Une partie de notre mobilité aérienne subsistera, mais, à moyen et long terme, elle va aller en se contractant (et en se renchérissant). Laisser penser le contraire ne prépare que des frustrations et du chômage pour les emplois qui dépendent de l'aérien, notamment dans le tourisme. Les entreprises et les particuliers feront de la visioconférence, et dans un monde où cela coûtera plus cher de faire fabriquer des tee-shirts en Chine pour les rapatrier en France, il y aura moins d'hommes d'affaires qui auront besoin d'aller en Chine. La baisse de la mondialisation du commerce va entraîner une baisse du besoin de voyager en avion. Les retraités, autre gros contingent du transport aérien, regarderont la télévision ou garderont leurs petits-enfants au lieu de courir le monde, ou redécouvriront les charmes bien réels de notre pays. Pour leurs petits-enfants, ils doivent pouvoir le faire ! Enfin, les jeunes iront chercher le dépaysement plus près de chez eux et en train – cela doit aussi pouvoir se faire.

Alors, le train va-t-il remplacer partout les voitures qui puent et qui polluent ? Eh bien, non, pas partout. On ne va pas construire une gare en face de chaque pavillon, chaque champ, chaque bureau et chaque usine. Aujourd'hui la distance moyenne parcourue par une marchandise qui monte dans un camion (en France) est de moins de 100 km. On va donc avoir du train, mais avec une énergie plus chère on aura surtout moins de flux. On va détruire de l'emploi dans le transport routier, mais en créer dans la logistique et la gestion des stocks (petits ou gros).

Restent quelques axes où un peu de trains en plus ne feront pas de mal, surtout quand ils remplacent des projets d'autoroutes ou de routes (dans l'est de l'Europe notamment), mais notre futur énergétique n'a pas besoin de trains partout en Europe : nous sommes déjà assez bien équipés. Par contre, ce qui va être pertinent, c'est la relocalisation d'une partie des activités productives à côté des nœuds ferroviaires, ou la construction de nœuds ferroviaires à côté des activités productives. L'industrie du XIXe siècle s'est développée à côté des voies de chemin de fer, et au XXe nous l'avons installée à côté des routes, car la route était le mode de transport le moins cher. Demain, l'avantage va revenir au train, bien plus efficace énergétiquement. Il va falloir supprimer, déménager, reconstruire tout cela.

Et nos camionneurs ? Là, les marges de manœuvre sont de plusieurs natures. La première est d'isoler le prix du carburant sur les factures de transport, en obligeant les transporteurs à refacturer à l'identique les charges de carburant. Cela suppose d'encadrer les prix ? Encadrons ! L'encadrement du prix du livre a sauvé les librairies de centre-ville : qui s'en plaint ? Et il n'est pas sûr que nombre d'industriels ne préféreraient pas des prix encadrés aux marges arrière et avant (et de côté) de la grande distribution ! La deuxième possibilité de manœuvre est la même que pour les voitures : obliger les constructeurs à baisser la puissance des camions en normalisant les émissions. Encore une fois, tout cela ne va que permettre de gérer correctement une diminution du flux. Que feront les camionneurs ? Ils partiront à la retraite sans être remplacés, ou bien achèteront une camionnette et livreront le pain aux particuliers dans une campagne qui se repeuplera, ou bien continueront à conduire des camions moins rapides et moins puissants sur des distances plus courtes… qui le sait ?

Tout ce que nous savons est que l'alternative, ce sont des faillites en cascade, et qu'il est préférable de gérer cette transition maintenant que plus tard. Évidemment, elle va faire monter le prix du transport (c'est même le but du jeu), et donc déplacer l'emploi qui y figure aujourd'hui, mais c'est dans l'ordre normal des choses, la responsabilité du pouvoir étant de s'assurer que les conducteurs puissent avoir la possibilité de se reconvertir dans d'autres postes. Pas d'inquiétude de fond cependant, nous allons créer, dans l'ensemble de ce plan, beaucoup plus d'emplois que nous n'en supprimerons.

Le transport maritime va suivre une évolution de même nature : moins gros, moins loin, moins vite, plus cher. Les volumes transportés sur les océans vont globalement baisser, et il va y avoir une combinaison de mesures techniques à mettre en œuvre : cargos propulsés par le vent ou la houle, moins puissants, allant moins vite – 2 ou 3 nœuds en moins peuvent faire baisser la consommation de plusieurs dizaines de pour-cent – et des routes réaménagées en conséquence. Ce sera plus cher ? Excellente nouvelle : cela fera donc plus d'emplois par tonne transportée. Le consommateur y perdra (mais de toute façon il consomme trop), et le citoyen y gagnera.

L'Europe à bon escient tu utiliseras

Avec 500 millions d'âmes, l'Union européenne est la première puissance économique de la planète, certes au sens d'un PIB qui ne veut plus dire grand-chose désormais,

mais il n'en reste pas moins qu'elle constitue encore un important partenaire des échanges mondiaux. Pour autant que les chefs des principaux États ne soient pas ridicules en marchant en ordre dispersé vis-à-vis des États-Unis, de l'Asie ou de la Russie, elle pourrait même être une puissance diplomatique de premier rang, ce qui serait bien utile dans les temps troublés que nous nous apprêtons à vivre. L'Europe s'est dotée d'un mode de fonctionnement assez unique, où les lois (directives et règlements) émanent d'une technostructure, certes contrôlée par des élus, mais qui possède néanmoins l'initiative des propositions. Du coup, le grand inconvénient de l'Europe, c'est que sa politique ne change pas vite (car les fonctionnaires sont moins versatiles que les élus), mais son grand avantage, c'est que... sa politique ne change pas vite ! Une fois que les traités donnent un mandat clair à l'Europe, les fonctionnaires fonctionnent et creusent leur sillon, sans se laisser trop perturber par les lubies de l'élu du moment. Ce mode d'action n'a-t-il pas admirablement prouvé son efficacité, en persévérant dans l'application, jusqu'à l'excès désormais, des recettes de cuisine ayant permis la naissance et la réussite de l'Union ?

Pour l'heure, il faut que nous comprenions tous, et le plus vite possible, que le mandat premier de l'Europe doit être de maintenir la paix, et non de garantir l'absence de péages pour les camions, ou le choix de son fournisseur de gaz, ou celui de son opérateur de téléphone. S'il faut un peu moins de choix dans le fournisseur de gaz ou de téléphone pour avoir un peu plus longtemps la paix, est-ce un marché de dupes ? Est-ce vraiment un drame ?

Or il y a un petit espoir que les choses avancent en ce sens dans les années à venir. Cela est notamment lié au processus en cours de ratification du traité de Lisbonne (aussi appelé en France « mini-traité »), qui vise à sauver les modifications absolument majeures que la Constitution européenne apportait sur ce point. Pour une meilleure prise en compte du bois et des poissons dans une Europe qui pour le moment s'occupe bien trop de coquillages, cette ratification constitue un premier pas indispensable, quelles que soient ses imperfections.

Pour être plus précis, l'Union est aujourd'hui régie par un traité qui ouvre ainsi l'article consacré à ses objectifs (article 2) :

> L'Union se donne pour objectifs de promouvoir le progrès économique et social ainsi qu'un niveau d'emploi élevé, et de parvenir à un développement équilibré et durable, notamment par la création d'un espace sans frontières intérieures, par le renforcement de la cohésion économique et sociale et par l'établissement d'une union économique et monétaire comportant, à terme, une monnaie unique, conformément aux dispositions du présent traité [1].

1. Article 2 du traité consolidé disponible sur le site des journaux officiels de l'Union : http://eur-lex.europa.eu/fr/treaties

Le mot « environnement » et l'expression « développement durable » n'apparaissent nulle part dans le traité, sauf dans les attendus, avec une phrase un peu molle (et même très molle) qui dit :

> [Les chefs d'État signataires du traité sont] déterminés à promouvoir le progrès économique et social de leurs peuples, compte tenu du principe du développement durable et dans le cadre de l'achèvement du marché intérieur, et du renforcement de la cohésion et de la protection de l'environnement, et à mettre en œuvre des politiques assurant des progrès parallèles dans l'intégration économique et dans les autres domaines.

Or le traité de Lisbonne remplacerait ce texte (et le reste de l'article définissant l'objectif de l'Union, mais qui n'apporte rien de neuf par rapport à ce qui est écrit ci-dessus), par :

> 1. L'Union a pour but de promouvoir la paix, ses valeurs et le bien-être de ses peuples. [...]
> 3. L'Union établit un marché intérieur. Elle œuvre pour le développement durable de l'Europe fondé sur une croissance économique équilibrée et sur la stabilité des prix, une économie sociale de marché hautement compétitive, qui tend au plein-emploi et au progrès social, et un niveau élevé de protection et d'amélioration de la qualité de l'environnement. Elle promeut le progrès scientifique et technique. [...]

> 4. L'Union établit une union économique et monétaire dont la monnaie est l'euro. [...]
> 5. Dans ses relations avec le reste du monde, l'Union affirme et promeut ses valeurs et ses intérêts et contribue à la protection de ses citoyens. Elle contribue à la paix, à la sécurité, au développement durable de la planète, à la solidarité et au respect mutuel entre les peuples, au commerce libre et équitable, à l'élimination de la pauvreté et à la protection des droits de l'homme, en particulier ceux de l'enfant, ainsi qu'au strict respect et au développement du droit international, notamment au respect des principes de la charte des Nations unies.

Retour aux origines fondatrices, la paix est affirmée comme l'objectif premier de l'Union, et l'union économique avec l'euro n'arrive qu'après le développement durable et la promotion du progrès. Enfin, dans le paragraphe sur les relations avec le reste du monde, la paix, le développement durable et la solidarité arrivent avant le commerce libre et équitable. Au moins dans la hiérarchie des objectifs, il y a là un point de bascule. Certes, la croissance reste affirmée comme un objectif, mais comme on ne dit pas de quoi, cela peut très bien être de notre « PIB corrigé » proposé plus loin. Ce texte ne se traduira pas en politiques en une semaine, surtout qu'il existe un deuxième traité qui est, lui, beaucoup plus précis sur les politiques actuellement menées, mais il ouvre indiscutablement la voie à une action forte et à relativement brève échéance si le président de l'Union et celui de la Commission considèrent que c'est la bonne manière de lire ce texte.

Si ce texte est ratifié, rien ne s'opposera à ce que l'action conjointe de la Commission, du Conseil et des parlementaires place la paix – et donc la préservation de l'environnement, qui en est un des facteurs – au-dessus d'une concurrence « parfaite » (ce qui au surplus est une illusion). Jusqu'à maintenant, nous avons tous probablement considéré, aveuglés par un PIB fait pour nous rendre myopes sur le prix des ressources naturelles, que nous pouvions avoir à la fois plus de concurrence pour faire baisser les prix, et une meilleure gestion des ressources. Nos Pascuans nous montrent que cela n'est vrai que jusqu'à un certain point, et ce point est largement dépassé. Ce traité n'est cependant pas le seul qui régisse le fonctionnement de l'Union, comme nous l'avons dit plus haut. L'autre traité majeur liste les politiques mises en œuvre par l'Union (c'est ce traité, mis en annexe de la « Constitution européenne », qui a cristallisé toutes les oppositions lors du référendum en France, alors qu'il s'agissait simplement du rappel d'un texte déjà en vigueur), et a besoin d'un sacré coup de toilettage. Mais la ratification du traité de Lisbonne permettra à l'Europe de prendre le plus vite possible désormais le virage du XXIe siècle. Dans le même esprit, l'Union aurait été bien inspirée de se poser un peu plus tôt la question de savoir quel était son objectif ultime dans le monde de demain (sachant que supprimer des barrières douanières n'est pas vraiment un objectif ultime !), avant de finaliser le processus d'adhésion des pays de l'Est. Le résultat, c'est que nos voisins de l'Est ont pour l'essentiel adhéré en pensant que cela allait permettre à leurs ressortissants de vivre comme à l'Ouest. Sur le plan des libertés il faut l'espérer, mais sur le plan matériel certainement pas, puisque notre mode de vie matériel n'est absolument pas durable et va devoir changer. Si on leur avait dit dès le début que le projet ne consistait pas à suivre ce que nous avons fait, cela aurait évité nombre de malentendus que – entre autres choses – la négociation actuelle du paquet « énergie-climat » illustre bien…

Admettons que nous ayons enfin une politique européenne qui se concentre sur les ressources et non sur les coquillages. Que doit faire l'Europe ? Sept choses prioritaires. La première est de mettre le bois et les poissons – et non les coquillages – au centre des politiques européennes, et en particulier de réserver une place centrale à sa politique énergétique, dont le but premier sera de faire baisser les émissions de l'Union (et donc sa consommation d'hydrocarbures) le plus vite possible dans un contexte de paix et de stabilité sociale préservées (et peut-être de puissance militaire conservée, ne soyons pas complètement naïfs). La deuxième est de mettre sur pied une agence européenne de la décarbonisation qui pilotera la mise en place des infrastructures (transports, énergie, villes, etc.) qui concourront à la sortie de crise. Pourquoi une agence ? Pour être capable de lui affecter de manière certaine des financements dédiés sans être pris au piège de Maastricht ; on y reviendra plus loin. La troisième, nous l'avons vue, c'est la normalisation drastique des émissions des véhicules terrestres (existants ou neufs), qui représentent 20 % des émissions européennes de CO_2. La quatrième est de normaliser tout aussi rapidement les émissions des bâtiments existants (et neufs), en rendant obligatoires les rénovations thermiques dans les meilleurs délais (ce que le gouvernement français n'a pas eu le courage de faire en sortie de Grenelle). La cinquième concerne une très forte accélération des transferts de technologie vers un certain nombre de pays dits « émergents » qui sinon ont toutes les chances de faire de grosses bêtises, dont nous allons nous aussi payer le prix. La sixième est tout simplement la réforme de la PAC, et comme la France en est une grosse bénéficiaire, c'est à elle de proposer de faire le ménage. Enfin, la septième est de rendre obligatoire le stockage/captage du CO_2 sur l'ensemble des centrales à combustibles fossiles encore en service d'ici à 2020 ou 2025.

Bâtiments, voitures et camions, et centrales électriques émettent environ 80 % du CO_2 européen : sur une telle assiette, normaliser (au niveau de l'Europe) et augmenter progressivement les prix de l'énergie sont les deux numéros gagnants.

À la politique industrielle tu t'intéresseras

Le lecteur l'aura compris : sortir du bourbier fossile va demander un gigantesque effort de planification. Planifier, cela ne veut pas dire enrégimenter tout le monde à la soviétique, mais voir loin et s'y tenir, c'est-à-dire contraindre suffisamment le court terme pour qu'il soit cohérent avec le long terme. Cela concerne notamment les activités économiques : dès que l'on sait à peu près dans quelle direction nous devons partir pour résoudre notre problème, et à peu près où nous devons arriver à une échéance donnée, il faut se mettre en ordre de marche dans cette direction et pas dans une autre. L'une des armes à notre disposition s'appelle la politique industrielle. Cela consiste à donner à un secteur des objectifs de long terme de développement ou de réorientation. Exemple : si les constructeurs automobiles doivent sortir des voitures à 50 grammes de CO_2 par kilomètre en moyenne d'ici dix ans, il faut les y aider dès maintenant. Cette aide peut porter sur l'appareil de formation, sur les sites mis à disposition, sur les aides pour la restructuration de l'outil industriel, sur des aides pour du développement spécifique, sur des contraintes imposées à leurs clients ou fournisseurs pour ne pas leur mettre des bâtons dans les roues pour y arriver, etc. La politique industrielle, c'est un ensemble d'actions à la portée de l'État pour, d'une part, définir des objectifs qui font sens au regard de la contrainte et, d'autre part, aider les acteurs à les atteindre. Même si le choix du secteur n'est pas très heureux, le « complexe militaro-industriel » est typiquement dans ce cas. L'État structure des filières (navales, aéronautiques, terrestres) en fonction de ses besoins. C'est encore plus vrai en temps de guerre.

Dans notre affaire, c'est pareil, à ceci près que la politique industrielle devrait plutôt se jouer au niveau de l'Europe, et être confiée pour partie à l'« agence européenne de la décarbonisation » dont nous avons parlé plus haut. Elle pourrait gérer l'argent attribué aux électriciens de l'Europe de l'Est pour qu'ils modernisent les centrales nucléaires existantes, mettent de la capture et de la séquestration sur les centrales à charbon, et « massifient » les programmes de développement sur les technologies de l'énergie et du carbone, à l'image de ce qui s'est fait dans les exemples du chapitre 5. Les technologies en question, c'est le solaire photovoltaïque et thermique à concentration, la génération IV du nucléaire, le stockage de l'électricité, la biomasse (algues, agrocarburants, reforestation en zone aride...), et la liste serait longue des sujets sur lesquels travailler.

La vache sacrée tu abandonneras

L'énergie abondante et de moins en moins chère a permis une modification fondamentale de notre alimentation, avec une part croissante de protéines et de lipides pour un prix réel décroissant. Le pétrole, le gaz et le charbon ont permis les crèmes glacées à tous les coins de rue, les fraises en hiver, les soupes toutes prêtes et le steak frites chaque midi. Dans à peu près tous les pays occidentaux, se nourrir est passé entre 1930 et maintenant de 30 à 40 % du budget des ménages à 10 à 15 %, pendant que la quantité de viande était multipliée par 2 à 3, et que nos achats incorporaient une partie croissante de travail préalable via l'agroalimentaire (le prix d'un plat tout prêt, c'est 10 à 30 % d'ingrédients, le reste étant le travail des acteurs de la chaîne : usine de cuisson, fabrication des emballages, transport – dont extraction et raffinage du pétrole, etc.). Cela nous coûte donc beaucoup moins cher, et cela crache beaucoup plus de CO_2. Cherchez l'erreur ! En fait, ne la cherchez pas : elle est encore et toujours dans la définition de ce qui constitue un prix. Toutes choses égales par ailleurs, la hausse inexorable du prix de l'énergie va faire monter le prix des aliments. Scandaleux ? Non : cela ne sera scandaleux que si nous pensons que nous allons continuer à manger comme maintenant, et dans le même temps téléphoner comme maintenant, et nous déplacer comme maintenant, et tout faire comme maintenant dans un monde à l'énergie de plus en plus chère.

En pratique, que fait-on ? La première chose, qui soulagera à la fois le porte-monnaie et la terre, sera de manger moins de viande (et celle des bêtes à cornes, en priorité). Ça n'a l'air de rien, mais c'est assez fortement structurant sur le système de production. Pour faire plein de viande, il faut plein de céréales (plus de la moitié des céréales produites dans les pays occidentaux servent à nourrir des animaux que nous mangerons). Pour faire plein de céréales, il faut de grandes exploitations mécanisées, donc pas de petits producteurs. Pour ne pas avoir à faire le tour des étables avec les tracteurs, ce qui ralentit les cadences, on met les étables ailleurs. En pratique, on a mis les céréales dans la Beauce, et les étables – et les porcheries – en Bretagne. Il faut donc des camions pour transporter les céréales de Beauce en Bretagne, avec force CO_2. En outre, on hérite d'un problème de concentration de lisiers, et on doit dépenser de l'argent et de l'énergie pour enlever le nitrate de l'eau avant de la distribuer. Une partie des consommateurs d'eau au robinet ne sont quand même pas satisfaits et se précipitent, en voiture, dans les hypermarchés pour acheter de l'eau « pure » en bouteille, tout cela ayant craché du CO_2 par tous les bouts (logistique de la bouteille d'eau, plastique et verre de son emballage, et utilisation de la voiture du consommateur pour aller chercher l'eau en bouteille). Et puis un jour on découvre que, pour produire des bœufs, cela coûte encore moins cher de couper la forêt amazonienne pour créer des pâtures et de laisser des troupeaux y paître avec quasiment zéro travail humain. On expédie tout cela par bateau et le tour est joué, y'a bon le steak pas cher dans l'assiette. Ah bon, le bœuf peut être à l'origine de la déforestation ? Et comment. Et en tendance nous sommes mal partis : la consommation de viande suit très exactement le PIB.

Il y a pourtant une solution simple pour remédier à tout cela avant que ça ne tourne au vinaigre : manger moins de viande rouge, et la payer plus cher. Manger moins de viande payée plus chère au producteur permet de diminuer les tailles de cheptel, et de les « délocaliser », c'est-à-dire en particulier de faire déféquer une partie du bétail dans la Beauce (ce qui fera moins d'engrais d'un côté et moins de dénitrification de l'autre, on gagne sur tous les tableaux). Cette « réorganisation » toucherait peu les zones de montagne, où de tout temps les vaches sont allées à l'alpage sans que cela ne nuise beaucoup à la qualité de l'eau. Bref, cela permet de revenir à une polyculture qui n'avait que des avantages : rotations qui enrichissent le sol sans engrais ou avec beaucoup moins d'engrais, animaux sur place pour les déjections qui fertilisent, augmentation de l'emploi et baisse de la mécanisation, retour du bocage avec des haies et de la biodiversité (et des oiseaux qui remplacent pour partie les phytosanitaires), possibilité d'imaginer des approvisionnements locaux pour les denrées alimentaires, où toutes les régions produiront leurs légumes, une large partie de leurs fruits, leurs volailles et leurs porcs. Il faut que cela aille aussi avec une diminution de la taille des animaux mangés : il faut 3 kg de céréales pour faire 1 kg de bon poulet (ou de bon canard), contre 10 à 20 pour 1 kg de bœuf. Et là, nous ne parlons même pas du méthane dégagé par les grosses bêtes à cornes, avec pour résultat que 1 kg de bœuf pèse autant, face au climat, que 5 à 10 kg de poulet. Manger moins de viande rouge est *le premier facteur* qui fait baisser la pression agricole, puisque la viande – rouge en particulier – est le facteur essentiel de pression agricole : sur les surfaces, sur les émissions de méthane, sur les prix, sur tout. La bonne question est juste de faire en sorte que le prix payé par kilo au producteur augmente au fur et à mesure que les volumes baissent. Il faut encadrer les prix pour cela ? Encadrons ! Il faut taxer ? Taxons !

Qui gagne ? Vous et moi pour commencer : on mange mieux, et moins cher. Moins cher ? Oui, moins cher : cuisiner soi-même des légumes et des poulets de qualité achetés au marché revient souvent bien moins cher que d'acheter des surgelés ou des céréales. Cela revient même moins cher que d'aller au supermarché acheter du poulet pas bon et pas cher, et des légumes pas chers… et de prendre trois autres bricoles au passage, qui font qu'en pratique vous ne mangerez pas pour moins cher au total, mais plus pour le même prix (et dans un certain nombre de cas vous mangerez donc trop). Vous n'êtes jamais allé au marché ? Allez, prenez tous les risques, faites-y un tour... Les « petits producteurs » vont aussi bénéficier de cette affaire. S'ils sont géographiquement proches de leurs clients, ils assurent eux-mêmes la distribution de ce qu'ils cultivent, et, du coup, se mettent la marge de distribution dans la poche. Ils peuvent ainsi vendre leur production à des prix « normaux », sans subvention, avec un niveau de vie décent.

Qui perd ? L'agroalimentaire et la très grande distribution (hypermarchés, gros supermarchés). De toute façon, les très grandes surfaces sont les enfants de l'énergie gratuite, et sous leur forme actuelle ils seront morts avant trente ans, et peut-être même encore plus tôt. Leclerc arrivera peut-être à se reconvertir avec 3 millions de supérettes de quartier harmonisées par des logiciels au niveau de la gestion, si Casino qui occupe déjà le créneau lui laisse prendre la place. Mais l'hypermarché, surtout en grande banlieue, c'est terminé. Il y aura moins de travail en banlieue, donc moins de clients. Ceux qui resteront auront moins d'argent : quand l'énergie ira en augmentant, ceux qui ont les ressources (secteurs primaire et secondaire) résisteront mieux que ceux qui n'ont que les coquillages (secteur tertiaire). Les coûts de transport vont augmenter. Les industriels ne pourront plus baisser leurs coûts, puisque la mondialisation va se freiner. Bref, *game over*. Faites ce que vous voulez, mais nous, on ne vous conseille pas trop de préparer votre future retraite en mettant de l'argent dans les actions de la grande distribution !

L'autre grand perdant – globalement s'entend, bien sûr –, c'est l'agroalimentaire au sens large, même si certains vont tirer leur épingle du jeu. Normal : cette activité a remplacé la tourniquette domestique à faire la vinaigrette, qui fonctionnait à l'huile de coude, par des cuisines industrielles, des tapis roulants industriels, des camions, des usines pétrochimiques (pour les emballages en plastique), des papeteries (intensives en énergie) pour fabriquer les étiquettes, et tout cela fonctionne à l'énergie gratuite. Que croyez-vous qu'il arrivera quand la bise de l'hiver énergétique sera venue ?

Ce qu'il faut faire ? Transférer l'emploi de l'agroalimentaire dans la production agricole (qui aurait besoin d'au moins 1 million d'emplois si elle se remet à l'endroit, mais cela peut même être plus) pour revenir à des productions de type polyculture, moins mécanisées et donc plus riches en emplois, avec des circuits de distribution locaux permettant d'éviter du fret et d'augmenter les revenus des producteurs diversifiés, plus intensifs en main-d'œuvre et moins en mécanisation. Pour les productions plus régionales (raisin, pêches, etc.), il faut revenir à des plates-formes ferroviaires desservant des halles de centre-ville. Il faudra peut-être encadrer les prix de production pour les producteurs de fruits et légumes – comme pour le raisin en champagne où cela fonctionne très bien – pour éviter le dumping social et environnemental actuellement pratiqué par la grande distribution, qui ne fait cependant que se mettre au service de nos envies de consommateurs myopes. Cela suppose de casser la PAC ? Cassons ! Il s'agit de sauver une planète hospitalière et la paix pour nos gosses, et pas la PAC. Laquelle est, de toute façon, dans le collimateur de nos amis du Sud, qui commencent à vraiment mal la vivre, et deviennent assez franchement majoritaires sur la planète. Combien de temps et de crises faudra-t-il encore pour s'en rendre compte ?

Nous sommes confiants quant au fait qu'il n'y aura pas que des perdants dans cette affaire, loin s'en faut. Il y a probablement dès aujourd'hui pas mal de jeunes urbains désœuvrés qui, à choisir, préféreraient partir faire pousser des salades et des patates en se sentant utiles et en rétablissant un lien social fort en allant sur les marchés, plutôt que de tourner dans un univers urbain devenant de plus en plus inhospitalier, où ils se cherchent sans se trouver, et où ils ne sont pas nécessairement mieux payés quand ils travaillent. Dans une exploitation agricole, certes on travaille dur, mais on ne s'ennuie jamais, les oiseaux chantent au printemps et il y a de beaux couchers de soleil ! Quant aux « hôtes et hôtesses de caisse » d'hypermarchés, il n'est pas sûr, au vu de leurs conditions actuelles de travail et de leurs horaires abracadabrants, qu'ils seraient fâchés de changer de job dans le processus de reconversion à effectuer.

D'une manière plus générale encore, l'énergie abondante nous a poussés à mépriser – osons le dire – les métiers manuels. Un enfant qui devient vacher ou menuisier a « raté » ses études. Il est temps de se remettre les yeux en face des trous : dans un monde à l'énergie chère, tous les détenteurs d'une maîtrise en psychologie appliquée ou en sociologie, en histoire ou en anglais, n'étant pas formés pour nourrir les hommes ou construire des maisons, auront acquis une formation qui ne leur servira quasiment à rien. Le leurre de l'université et de l'emploi de bureau pour tous aura vécu.

De la planche à billets avec discernement tu useras

Dans le cadre des programmes à mettre en œuvre (déménagement d'une partie de la population, isolation, politiques industrielles, politique agricole), il va parfois falloir trouver des coquillages pour payer les acteurs qui vont « devoir faire » (les ménages, les industriels, les collectivités locales), car leurs ressources propres en coquillages ne leur suffiront pas pour aller à la bonne vitesse, et ils n'ont pas (encore !) le système comptable qui permettrait de ne leur parler que bois et poissons dans la coordination d'ensemble.

Pour ce qui va relever des programmes nationaux, il faudra choisir : ou bien la fiscalité carbone mise en œuvre se fera à pression fiscale constante, ce qui veut dire qu'il n'y aura *pas 1 euro* pour financer ces programmes (puisque les sommes récoltées iront à la baisse de charges ou à de la redistribution directe), ou bien on voudra des budgets pour cela et la pression fiscale augmentera. La troisième voie sera de supprimer un service existant pour redéployer les moyens, ou bien de laisser filer le déficit. Est-ce grave de laisser filer le déficit ? À notre sens pas tant que cela si c'est pour financer des travaux qui servent à conserver du bois et des poissons, surtout si on change simultanément le système comptable pour avoir une comptabilité nationale de type actif-passif et non juste un PIB comme aujourd'hui. À ce moment, les travaux entrepris viendront améliorer le résultat d'exploitation, augmenter l'actif physique et arrêter l'augmentation du passif physique, ce qui est le but du jeu. Le reste n'est qu'un problème de coquillages.

Au niveau européen, c'est un peu différent : l'Europe devrait avoir des ressources propres pour financer des programmes, à savoir le produit de la vente des quotas aux enchères, ce qui devrait être la règle à partir de 2013 (mais il ne faut pas attendre 2013 !). Actuellement, l'Union émet environ 3 500 millions de tonnes de CO_2, et 700 millions de tonnes équivalent CO_2 d'autres gaz à effet de serre. Si 45 % du CO_2 est concerné par le système de quotas et mis aux enchères pour l'essentiel, à disons 10 euros la tonne pour n'effrayer personne, cela amènera quand même une quarantaine de milliards d'euros dans les caisses de l'Europe. Avec 40 milliards d'euros, on ne fait pas tout ce qu'il faut faire (pour donner un ordre de grandeur, le budget de l'État français est de l'ordre de 300 milliards d'euros), mais on commence à avoir un peu d'argent. Si nous parlons chiffres, sans avoir fait de calculs précis, l'ordre de grandeur des sommes à récolter pour mener les programmes évoqués plus haut est probablement de quelques centaines de milliards d'euros par an pour commencer à faire quelque chose de sérieux (en France, la rénovation du bâtiment existant mobiliserait environ 1 000 milliards d'euros). Il va donc falloir taper dans d'autres poches, sans compter que les quotas ne concernent que les industriels, et il n'y a aucune raison pour que les ménages, qui sont les plus réticents dans cette affaire, ne soient pas mis à contribution.

La première possibilité est de recourir à l'épargne. La zone Euro a encore une capacité d'emprunt assez forte. En plus, cela aurait un sens que les coquillages mis de côté pour préparer demain servent effectivement à le faire. Après, il reste aussi la possibilité de recourir aux inventions méphistophéliques du chapitre 5. Quoi, faire fonctionner la planche à billets ! Quelle horreur ! diront les économistes amateurs de coquillages. Mais si nous finançons des grands programmes par la création de moyens de paiement ad hoc, l'horreur concernera essentiellement les coquillages (et l'idée qu'on en a en ce moment, après des années de raisonnement néolibéral), pour éviter l'horreur sur le bois et les poissons. Cela doit pouvoir se discuter.

Parlons un peu technique, mais technique financière, même si ce n'est pas très tendance en ce moment. Comme nous l'avons indiqué plus haut, nous proposons la création d'une agence qui porterait les programmes européens pour effectuer la « sortie du fossile » le plus vite possible. Sans agence, il y aura toujours l'éternel soupçon que l'argent du budget général ne servira qu'à payer les lubies de la puissance publique et des armées de fonctionnaires, évidemment incompétents. Cette accusation est hors sujet si tous les financements sont collés dans un seul bocal. Cette agence donnera de l'argent, qu'il lui faudra trouver, et sera donc en déficit, puisqu'elle n'aura pas de recettes. Coté déficit, il faudra se mettre d'accord pour que le sien ne vienne pas s'ajouter au déficit public au sens de Maastricht. Ce doit être possible en jouant le critère d'exception, qui a été utilisé en 2008 pour sauver les banques. Si sauver les banques relève de l'exceptionnel, cela doit pouvoir se discuter pour ce qui est de sauver la planète.

Pour ce qui est de trouver les sous, l'Europe a tout ce qu'il faut, en l'espèce la BEI (Banque européenne d'investissement), qui a précisément été faite pour financer les investissements européens. Cette banque peut donc prêter de l'argent à cette agence de la décarbonisation. Ensuite, la BEI se retournera vers la BCE (Banque centrale européenne), celle qui peint les coquillages. Il y a quelques mois, la BCE, comme la Fed américaine, a créé des centaines de milliards d'euros pour sauver le système bancaire. Faut-il renâcler devant le même effort pour sauver la seule planète habitable du système solaire ? Techniquement, c'est donc très simple. L'agence s'endette auprès de la BEI, qui elle-même s'endette auprès de la BCE, qui lui donne de l'argent qu'elle a *créé* pour cela. Après, ce ne sont que des conventions comptables, sans problèmes particuliers. Il s'agit de faire sortir quelques centaines de milliards de la planche à billets pour sauver la planète au lieu de sauver juste le système bancaire. Et puis, si on a peur qu'il n'y ait trop d'argent dans l'économie, il suffit de freiner la création monétaire là où elle est inutile, c'est-à-dire en limitant la capacité de crédit des banques qui ne sert qu'à entretenir des hausses de prix sans contrepartie dans l'économie réelle. En pratique, on peut interdire la titrisation des prêts (ce qu'il faudrait faire de toute façon), ou encore la capacité de faire crédit quand il s'agit juste d'augmenter le prix de l'immobilier, celui des cours de Bourse, ou encore quand il s'agit de spéculer sur les monnaies, sur les denrées alimentaires ou sur le baril. Si cela est utile pour financer le maintien de la paix et de conditions de vie décentes sur la planète, faut-il s'interdire de mettre quelques obstacles réglementaires ou fiscaux dans cette cour de récréation ?

Au demeurant, cela n'interdit en rien des mesures additionnelles. Par exemple, l'Europe pourrait financer des programmes ou des infrastructures à la seule condition que les États augmentent leur contribution au budget européen, ce qu'ils feraient (on le leur conseillerait fortement) en augmentant les prélèvements obligatoires sur l'énergie. Cela permettrait de créer des ressources d'un côté, qui pourraient abonder le budget européen, et de laisser les États prendre leurs responsabilités, pendant que la gestion de ce trésor de guerre serait effectuée de manière planifiée au niveau de l'Europe, pour garantir la cohérence. Tout est envisageable, sauf de continuer sur notre lancée. Tout cela conduira à changer les règles de fonctionnement de l'Europe pour que son objectif reste le maintien de la paix ? Parfait, puisque nous le souhaitons aussi ! Il va falloir se mettre d'accord avec nos voisins allemands qui commencent à nous trouver un peu encombrants ? Ne nous faisons pas d'illusions. Plus le temps va passer, plus ce sera dur. Les crises économiques se transforment en crises sociales puis en crises politiques favorables au repli sur soi et aux nationalismes. Ayons maintenant une discussion franche et virile, avec des partenaires qui ne doivent pas être beaucoup plus demeurés que nous…

L'OMC sur la bonne selle tu remettras

Faut-il supprimer le commerce mondial, désormais accusé de tous les maux, entre le pillage de la planète et l'appauvrissement agricole des pays du Sud ? Faut-il prôner la fermeture immédiate des frontières pour supprimer ces échanges délétères pour nos enfants ? Si vous voulez la guerre tout de suite, fermer les frontières partout est peut-être une option à considérer, mais si vous souhaitez une solution pacifique à notre problème, ce n'est peut-être pas la meilleure idée qui soit. En outre, supprimer le commerce mondial est tout simplement impossible. Tant qu'il restera un Français pour aller acheter un bout de fromage en Suisse, ou un Anglais pour passer une nuit d'hôtel à Paris, il restera du commerce mondial. Comme pour le capitalisme, nous confondons ses manifestations les plus visibles ou les plus désagréables avec le système lui-même.

Il est en revanche essentiel de mettre ce commerce au niveau qui lui permettra de servir le même objectif que dans le cadre de l'Union européenne : la paix. Si faire des affaires avec son voisin permet de supprimer pour partie l'envie de lui taper dessus, cette règle s'applique ici aussi. Les échanges avec le monde extérieur ont été à l'origine de la disparition de l'URSS, et de la « détente » politique en Chine : cette affaire ne présente pas que des désavantages. Par contre, il est impératif de comprendre, comme pour le PIB, qu'il y a un optimum et que plus n'est pas toujours mieux. À l'aune de notre étalon-arbre (et non de l'étalon-coquillages), il est évident que cet optimum est dépassé depuis plusieurs décennies. Il va donc falloir freiner le système, faire baisser certains flux, et conserver ce qu'il faut pour nous aimer au lieu de nous faire la guerre, mais pas plus. Bref, la bonne idée pour continuer à échanger n'est plus le libre-échange, une vache sacrée de plus, qui consiste à supprimer toujours et partout les obstacles tarifaires et non tarifaires aux échanges pour augmenter les flux coûte que coûte. Aujourd'hui, il faut mettre les bons freins aux bons endroits.

Comment y parvenir ? Facile : en le demandant à l'organisme dont la fonction est de gérer le commerce mondial, c'est-à-dire l'OMC. Car la question n'est pas de supprimer l'OMC : l'existence d'un organisme de régulation du commerce, où tous les pays se retrouvent autour de la table pour se mettre d'accord sur des règles communes, est une excellente chose. Les promoteurs de Bretton Woods voulaient du reste une telle organisation en même temps que la création du FMI (1945), et il a fallu attendre le milieu des années 1990 pour qu'un organisme ayant cette fonction soit enfin créé. Pas de chance, il l'a été au moment où l'essor de l'idéologie libérale battait son plein. C'est le moment où les socialistes en France privatisaient à tout-va, où la Russie se convertissait à l'économie de marché, et où la Chine commençait à « s'éveiller ». Que fit l'OMC ? Comme tout le monde. Puisque tout le monde voulait « du marché » et la fin de toutes les protections, et que l'OMC ne fait qu'*administrer* des accords entre pays décidés à l'unanimité des signataires, l'OMC a géré de la suppression de barrières douanières.

Il faut rappeler ici un fait essentiel : l'OMC ne décide pas des règles du commerce mondial, c'est l'assemblée des pays adhérents qui le fait (il n'y a donc rien de plus démocratique !). Pour le moment, dans l'esprit des documents qui régissent le fonctionnement du commerce mondial, toute croissance en volume des échanges est une bonne chose par principe, sauf rarissime exception. Il n'y a pas non plus de prise en compte forte de l'environnement et de la consommation des ressources dans les règles partagées par les États pour régir ce commerce international. Cela est parfaitement cohérent avec le processus de création de cette organisation, héritière des mêmes principes philosophiques que le traité de Rome puis de tous ceux qui ont façonné l'Union. Le commerce c'est la paix, les obstacles au commerce sont donc des obstacles à la paix. Mais nous allons retourner le raisonnement de la même manière : puisque trop de commerce entame les ressources mondiales de manière excessive et risque d'amener la guerre, il faut donc introduire dans ces accords des règles de limitation en volume, ou considérer que les limitations que les États pourraient imposer au commerce international en vue de protéger l'environnement sont légitimes par principe. L'OMC doit ouvrir d'urgence un nouveau round de négociations où les exceptions environnementales deviennent normales.

Si un pays, ou un groupe de pays, adopte une mesure qui est objectivement pertinente pour préserver l'environnement global – en particulier pour faire baisser la consommation d'hydrocarbures ou les émissions de CO_2 – et n'a pas pour objet principal de supprimer le commerce mais d'orienter ce dernier pour qu'il ne conduise pas à la ruine environnementale (puis économique), les accords commerciaux régis par l'OMC doivent considérer cela comme une pratique normale, et même souhaitable. Nous avons cinq à dix ans pour y arriver. Avec une impulsion *immédiate,* cela devrait pouvoir se faire, surtout si les industriels européens, qui vont de toute façon avoir droit aux quotas de CO_2, poussent en ce sens pour ne pas être concurrencés de manière déloyale par d'autres industriels qui ne paient rien pour déverser du CO_2 dans l'atmosphère.

Tes comptes correctement tu tiendras

Le PIB, le lecteur l'aura compris, ne nous paraît plus, aujourd'hui, comme la quintessence de l'indicateur pertinent dans un monde fini. S'il n'est pas pertinent, la conclusion est simple : il faut en changer. Comment changer une comptabilité qui est faite de travers ? En théorie, il y a deux manières de faire : soit on remplace l'indice monétaire qui ne veut rien dire par un indice « physique », soit on prend un autre indice de nature monétaire.

Sachant qu'il y a maintenant des comptables publics dans 190 pays qui utilisent le PIB, et des organisations internationales qui ne se basent que là-dessus, il n'y a qu'une manière réaliste de faire dans le temps restreint qui nous est imparti : confier aux mêmes personnes et aux mêmes circuits le soin de gérer un « PIB corrigé », c'est-à-dire des indicateurs qui restent monétaires mais qui au moins comptent à peu près correctement et non de travers.

Compter correctement, cela signifie quoi ? Cela signifie que l'on passe d'un indicateur de type « chiffre d'affaires », qui ne peut que pousser à la recherche de la croissance perpétuelle, à un indicateur de type « compte de résultat », qui lui pousse beaucoup plus à l'amélioration (laquelle peut passer, comme dans une entreprise, par la baisse du chiffre d'affaires). Ce compte de résultat, il peut se mettre sur pied assez facilement : il suffit de déduire du PIB des valorisations, nécessairement conventionnelles, correspondant aux stocks non renouvelables consommés par l'activité, ou aux dégradations futures résultant de notre activité présente. La France a consommé 90 millions de tonnes de pétrole et environ 50 millions de tonnes équivalent pétrole de gaz ? À 2 000 euros la tonne de pétrole ou équivalent pétrole consommée (ordre de grandeur du surcoût minimal si nous avions consommé des énergies renouvelables à la place), voici 300 milliards d'euros de dotation aux amortissements à déduire de notre chiffre d'affaires qui s'appelle le PIB (et qui vaut environ 1 800 milliards). La France a émis 560 millions de tonnes équivalent CO_2 de gaz à effet de serre ? Sur la base de 500 euros la tonne de CO_2 équivalent – valorisation cohérente avec ce que l'on entrevoit des catastrophes de long terme, même si elle est supérieure aux estimations généralement retenues par les économistes –, voici notre PIB diminué de 250 milliards d'euros supplémentaires de provision pour risques.

Nous ferions pareil pour les minerais, pour les pertes de sol, pour les poissons, la pollution des rivières et pour toutes les principales ressources que nous consommons, pour arriver à une espèce de résultat d'exploitation. Du reste, cette obligation d'inscrire dans la colonne « moins » les ressources non renouvelables consommées ou les dettes irrémédiables créées pour l'avenir pourra être étendue aux entreprises et administrations. Nul doute que cela occuperait intelligemment un certain nombre de comptables publics et d'inspecteurs des finances pendant un certain temps ! Dans le même temps, l'État tiendra un bilan, un compte actif-passif. À l'actif, notre énarque, qui pour l'occasion oubliera qu'il savait compter, mettra sols, forêts, poissons, rivières et patrimoine humain (savoir-faire scientifique et technique, patrimoine artistique et culturel...). Au passif, il mettra la dette à venir : concentration de CO_2, pollutions rémanentes de toutes sortes, artificialisation des sols... Et à la fin de l'année, au lieu de mettre un PIB qui n'a plus aucune signification intéressante, il mettra notre résultat d'exploitation, qui pourra être négatif, et notre actif net, que l'on essaiera de faire croître. Dans ce système, l'indice poussera à la préservation des poissons (à l'amélioration du résultat d'exploitation) et non à leur destruction. Au lieu de s'empoigner sur les règles pertinentes pour plaire aux financiers, nos experts-comptables nationaux et internationaux se livreront à des débats passionnés pour savoir si 10 000 éléphants qui disparaissent à cause du commerce de l'ivoire valent 0,1 ou 56,7 milliards d'euros.

Un tel système est irréaliste ? Non, il n'est pas irréaliste. C'est d'ailleurs devenu un objet de travail, par exemple celui de la commission Sen-Stiglitz ou celle de la commission du Conseil d'analyse stratégique sur la valeur de la biodiversité. On voudrait juste que ces commissions mettent le turbo et que leur travail soit pris au sérieux, puis si nécessaire complété, voire remis en cause. Qu'on avance vite, en un mot. Ce qui est irréaliste, c'est de conserver le PIB avec des candidats aux élections partout sur la planète qui promettent qu'il va encore monter pour l'éternité, parce que 0,1 % des candidats savent ce qu'est le PIB, sur quoi il repose et quelles sont les limites à sa croissance. Changer le PIB sera donc beaucoup moins irréaliste que de satisfaire les promesses de campagne de candidats qui rêvent en couleurs. Un nombre croissant d'économistes sont bien conscients que cela doit changer, et il ne manque plus que la recette de cuisine qui permettra de le faire. Nous en proposons une, pas idéale et qui reste à peaufiner, mais dans tous les cas de figure considérablement moins mauvaise que l'ineptie qu'elle remplacera. Notre pays veut être en pointe ? Deux Français peuvent jouer un rôle clé dans ce changement : Pascal Lamy et Dominique Strauss-Kahn. Ils sont au bon endroit au bon moment pour pousser très fort les travaux qui pourraient changer la donne. Au poste où ils sont désormais, nous entendront-ils ?

Tes métiers tu changeras

Le monde de la croissance infinie avait besoin de personnes aptes à gérer cette situation. Le monde fini n'aura pas les mêmes besoins. Il est donc urgent de modifier les cursus et les programmes pour s'adapter au monde de demain. Comme nous le disions plus haut, le bac + 4 (souvent littéraire) avec un emploi de bureau pour tous ensuite, c'est fini. Il faut réhabiliter le travail manuel dans les discours d'orientation, introduire la perception des ressources rares dans les cours de collège et lycée, améliorer la connaissance scientifique de base (la science ment beaucoup moins que l'économie), notamment celle qui part de l'observation. Nous rejoignons complètement sur ce sujet le point de vue du regretté Pierre-Gilles de Gennes : un collégien a besoin de comprendre par l'expérience et l'observation, et mieux vaut en faire moins mais le faire bien. Il faut des citoyens qui sachent compter (enseigner les équations du second degré à des collégiens qui ne savent toujours pas calculer correctement ni résoudre des problèmes de robinet, ça ne sert à rien et ne rend pas service à la collectivité), et qui comprennent où sont les grands enjeux pour l'avenir. Le Grenelle s'est penché sur ce problème en France, mais il n'en est pas sorti une ambition à la mesure du problème, c'est le moins que l'on puisse dire ! Ou plutôt il en est sorti, là comme pour les autres mesures du Grenelle, une ambition cohérente avec l'hypothèse que nous avons encore cinquante ans pour nous remuer les fesses. Ce n'est pas notre point de vue, on l'aura compris.

Au niveau du supérieur, il y a aussi fort à faire. Aucun diplômé des formations supérieures techniques (filières d'ingénieurs et de gestionnaires) ne devrait sortir de l'école sans être largement informé sur la situation planétaire en matière de ressources et les implications pour son futur métier. Cette carence est d'autant plus regrettable qu'une très forte majorité d'élèves de ces établissements, qui seront les dirigeants de demain, sont d'ores et déjà demandeurs de plus de formation sur ces thèmes. Dans le même esprit, leurs anciens doivent faire l'objet d'une formation continue sur ces thèmes à la vitesse grand V, faute de quoi l'action sera difficile à mettre en route, et personne ne comprendra d'où les coups viendront réellement quand ils commenceront à venir. Il n'y a qu'à voir ce qui se passe actuellement avec la crise financière : rares sont ceux qui font le lien – à notre avis très fort – avec la hausse du pétrole et des matières premières qui avait précédé. Comme cette dernière venait entre autres d'une surabondance de crédit qui permet de payer demain ce que nous consommons aujourd'hui, il peut sembler discutable de proposer comme solution une remise en route de la machine à fournir du crédit, non ? C'est pourtant ce que nous sommes en train de faire, et cela, conjugué avec la continuation de la recherche de la croissance du PIB, ne garantit qu'une crise encore plus dure demain. Une bonne connaissance des enjeux est donc indispensable pour que partout dans l'économie soit posé le bon diagnostic, sans lequel, c'est une évidence, nous avons toutes les chances de proposer des solutions qui n'en seront pas.

La formation doit donc se faire à vitesse accélérée, et elle doit aussi permettre de reconvertir certains corps de fonctionnaires à toute vapeur. C'est notamment le cas pour tous les corps techniques de France (Équipement, Mines, notamment), à qui il faut dire que le but du jeu, maintenant, est de sauver la planète. Globalement, ils seront ravis de le faire pourvu qu'on leur trace des axes pertinents pour régler le problème. Il n'y a donc pas besoin d'aller chercher midi à quatorze heures pour savoir qui peut gérer la transition pour le compte de l'État, on a tout ce qu'il faut sous la main. C'est notre chance, en France, d'avoir conservé l'appareil capable de gérer la raison d'État. Sachons nous en servir pour donner une impulsion nouvelle et intelligente !

Cinq ans maximum tu as

Ami lecteur, en ouvrant ce livre tu ne t'attendais peut-être pas à trouver un propos aussi étonnant que celui qui y est tenu. En effet, nous ne proposons rien de moins que de changer les règles du commerce international, d'abandonner le PIB, de chambouler les programmes éducatifs, d'inciter les militants politiques à éjecter les cadres qui ne comprennent rien à la physique, de mettre des jeunes derrière une trayeuse ou une truelle plutôt que derrière un bureau, de taxer tout et partout, de faire tourner la planche à billets, tout en traitant à peu près tout le monde d'incompétent, sauf quelques rares catégories qui trouvent grâce à nos yeux...

Est-il urgent de nous interner pour folie prétentieuse ? Ami lecteur, tu n'es pas au bout de tes surprises : nous serions ravis que la réponse soit oui. Notre plus cher espoir est d'être ridicules ! Il reste une probabilité, non nulle en théorie, que nous nous fassions peur pour rien, parce que les physiciens, les géologues, les écologues et les glaciologues sont victimes d'une hallucination collective. Cette perspective nous rendrait immensément heureux : nous avons aussi des enfants. Si notre seul problème devient de pallier une crédibilité défaillante comme ingénieurs, on s'en accommodera. Tiens, nous deviendrons économistes ultralibéraux, ce qui nous permettra d'exercer notre métier en racontant n'importe quoi ! Mais il y a une deuxième manière d'être ridicules, c'est si nous ne nous faisons pas peur pour rien, mais que… la catastrophe redoutée n'arrive pas, parce qu'elle a été évitée à temps. Cela signifiera que, partout sur la planète, le sursaut auquel nous appelons – petite voix à peine audible parmi d'autres bien plus puissantes – aura eu lieu à la bonne échelle, et que c'est la perspective des ennuis qui aura permis de les éviter.

Mais pour que nous accédions à ce ridicule-là, il va falloir que beaucoup de personnes soient aussi ridicules que nous, parce qu'elles vont devoir remettre en cause nombre de vaches sacrées auxquelles elles ont cru dur comme fer jusqu'à maintenant. Si la force des habitudes est ce qui nous a amenés à la crise qui grossit et gronde, il faudra passer sur une partie de nos habitudes pour régler le problème. Alors unissons-nous dans le ridicule, et fonçons. La juste mesure de la mobilisation qui nous attend est bien celle de l'économie de guerre. La guerre contre qui ? Contre nous-mêmes, avec une victoire qui doit être totale et rapide sans tuer l'ennemi… Pour mener à bien un tel projet, dans un pays démocratique, il faut se trouver un chef, au moins en France, au mieux en Europe. De toute façon, la crise fera émerger des leaders, mais nous les choisirons moins si nous attendons que si nous le faisons maintenant. C'est bien pour cela qu'il serait vraiment très utile de pousser vers la sortie tous les cadres des grands partis qui ne comprennent pas le problème. Cela ne supprime pas la compétition, ça la fait simplement porter sur des individus qui ont une chance de ne pas se tromper de diagnostic, et donc de solution, si les clés du pouvoir arrivent un jour dans leur boîte aux lettres.

En France, celui que nous aimerions voir à l'Élysée fait-il partie de ceux qui sont actuellement sous le feu des projecteurs ? L'avenir le dira. Les États-Unis ont été menés à la victoire, pendant la guerre, par un chef qui n'est pas arrivé pour la circonstance, les Russes non plus. La France a en revanche confié son destin à un homme providentiel, mais nos amis anglais ont fait de même avec un homme dont la carrière politique avait démarré en… 1900. Alors peu importe où sera, pour nous Français, pour nous Européens, pour nous citoyens du monde, le nouveau Churchill, le nouveau de Gaulle, le nouvel Adenauer, pourvu qu'il arrive vite, qu'il sache écouter et comprendre, et que la population ait envie de le suivre. La seule chose dont nous soyons certains, c'est qu'il lui restera trois à cinq ans pour éviter le chaos, et qu'il gérera le plus formidable projet qu'il nous sera donné de vivre.

Bibliographie

ALLAIS, Maurice, *La Crise mondiale d'aujourd'hui*, Paris, Clément Juglar, 1999.

CRICHTON, Michael, *État d'urgence*, trad. de l'américain par Patrick Berthon, Paris, Pocket, 2007.

DIAMOND, Jared, *Effondrement. Comment les sociétés décident de leur disparition ou de leur survie*, trad. de l'américain par Agnès Boltz et Jean-Luc Fidel, Paris, Gallimard, 2006.

DUPUY, Jean-Pierre, *Pour un catastrophisme éclairé*, Paris, Éditions du Seuil, 2002.

GALAND, Gabriel, et GRANDJEAN, Alain, *La Monnaie dévoilée*, Paris, L'Harmattan, 1997.

GIRARD, René, *Achever Clausewitz*, Paris, Carnets Nord, 2007.

HULOT, Nicolas, *Le Syndrome du Titanic*, Paris, Calmann-Lévy, 2004.

– Pour un pacte écologique, Paris, Calmann-Lévy, 2006.

JANCOVICI, Jean-Marc, et GRANDJEAN, Alain, *Le plein s'il vous plaît !*, Paris, Éditions du Seuil, 2006.

KRUGMAN, Paul, *Pourquoi les crises financières reviennent toujours*, Paris, Éditions du Seuil, 2000.

WAGEMANN, Ernst, *D'où vient tout cet argent ? Création de monnaie et conduite des finances en temps de guerre et en temps de paix*, trad. de l'allemand par Frédéric Coërs, Paris, Plon, 1941.

YERGIN, Daniel, et STANISLAW, Joseph, *La Grande Bataille. Les marchés à l'assaut du pouvoir*, Paris, Odile Jacob, 2000.

Table

RÉALISATION : PAO ÉDITIONS DU SEUIL
IMPRESSION : CORLET À CONDÉ-SUR-NOIREAU
DÉPÔT LÉGAL : JANVIER 2009. N° 98768-2 (119082)
IMPRIMÉ EN FRANCE